U0740419

饌
U广

安德鲁·卡内基 (1835—1919)

Andrew Carnegie

Andrew
Carnegie

卡内基自传

完整全译本

[美] 安德鲁·卡内基 著　亦言 译

中国友谊出版公司

图书在版编目（CIP）数据

卡内基自传 / （美）安德鲁·卡内基著 ；亦言译
. —— 北京 ：中国友谊出版公司，2017.8 (2019.3重印)
书名原文：The Autobiography of Andrew Carnegie
ISBN 978-7-5057-4111-9

Ⅰ．①卡… Ⅱ．①安… ②亦… Ⅲ．①卡内基(
Carnegie，Andrew 1835-1919)-自传 Ⅳ.
①K837.125.38

中国版本图书馆CIP数据核字(2017)第174264号

书名	卡内基自传
作者	[美]安德鲁·卡内基
译者	亦言
出版	中国友谊出版公司
发行	中国友谊出版公司
经销	新华书店
印刷	北京中科印刷有限公司
规格	880×1230毫米　32开
	8.5印张　188千字
版次	2018年1月第1版
印次	2019年3月第3次印刷
书号	ISBN 978-7-5057-4111-9
定价	48.00元
地址	北京市朝阳区西坝河南里17号楼
邮编	100028
电话	(010) 64678009

版权所有，翻版必究
如发现印装质量问题，可联系调换

电话　(010) 59799930-601

目录

序 言

从生意场上退出之后，我丈夫禁不住他那些要好的朋友（有美国的，也有英国的）恳求，一有时间就回忆并写下他早年的经历。可是不久，他发现根本没有空闲时间。相比从前，他的生活甚至被更多的事情所占据。他的回忆录是在苏格兰利用休闲时间完成的。有一段时间，我们每个夏天都会去沃特奈格旷野的小别墅，在那里我们可以享受简单的生活，而且卡内基先生的自传大部分也都是在那里写的。他很开心地追忆着早年的时光，正如他所说的，又经历了一次早年的生活。1914年7月，战争的阴云开始凝聚，这时的他正忙着写作。8月4日，当得知那个重大的消息时，我们立刻离开了这里并回到斯基伯，在那里能更好地了解局势。

这些回忆就是在那段日子里完成的。从那以后，他对自己的事情再没兴趣。很多次，他试图继续写作，但完全是徒劳。那时，他还过得像个中年人，甚至是年轻人——每天打高尔夫球、钓鱼、游泳，有时甚至一天进行三项运动。他是个乐天派，即使面对希望的破灭，他也试图表现出乐观。然而，面对世界的灾难，他的心碎了。在遭受重感冒，随即又两次患上肺炎后，他突然变得苍老了。

据一位与卡内基同时期的人（他比卡内基早几个月去世）说："他不能承受衰老。"对卡内基先生的密友来说，从他那里得到的最鼓舞人心之处可能是学会如何承受衰老的勇气和技巧。他总是耐心、体贴、愉快，对别人给予的任何微小的快乐和服务都心存感激。他从不考虑自己，而是期待一点希望的曙光。他的精神永远激励着我们，直到"他走了，上帝把他带走了"。

在他手稿的底页写了这样一些话："对于我的回忆录，可能只有一小部分能引起大家的兴趣，而我的亲戚和朋友感兴趣的内容会多一些。有许多内容是我断断续续写的，我想应该删去。今后替我整理书稿的人要注意，不要给读者太多负担。一定要选一个有热情有头脑的人。"

除了我们的朋友约翰·C.范·戴克，还有谁是最佳人选呢？当他还没有读到卡内基先生的批注，只看到手稿时就说："将它整理出版将是一项充满爱心的工作。"此时此刻，这是一个双向选择，他做这项工作的态度已证明了这是一个明智的选择——出于一份珍贵而美好的友谊做出的选择。

路易丝·惠特菲尔德·卡内基

1920年4月16日于纽约

第一章
父母和童年

正如智者所说："真实的自传总是有趣的。"了解我的亲朋好友可能对它不至于太失望。我自信地安慰自己说，这篇回忆录至少会让一部分知道我的人感兴趣，就是这种信念鼓励我继续写作。

几年前，我在匹兹堡的朋友梅隆法官就曾这样做过。正因此，我更加坚定了这位智者的观点。当然，梅隆先生的自传带给朋友们极大的快乐，这必将惠及子孙后代。不仅如此，很多不了解他的读者，也将此书列入了他们的最爱。本书最大的价值就是揭示了人物的特性。书中没有哗众取宠的意图，写书仅仅是为了他的家人。同样，我只是想讲出自己所经历的故事，不是在公众面前故作姿态，而是像与我的家人和朋友们聊天一样，可以随心所欲，甚至是不起眼的小事也能引起他们的兴趣。

我生于1835年11月25日，当时我们家在丹佛姆林的摩迪街和皮奥雷巷的拐角处——那是一个仅有一层的小阁楼。正如俗话所说，"我有贫穷而诚实的父母，善良的亲戚朋友"。丹佛姆林很早就被称为"苏格兰的织布贸易中心"。我的父亲威廉·卡内基，是一名织布工。祖父名叫安德鲁·卡内基，我继承了他的名字。

我的祖父智慧幽默、和蔼可亲、坚忍不拔，充满了人格魅力，在当地颇有名气。他是那个时代激进派的带头人，同时还是一个快乐社团——"帕提梅尔学院"的主管，因此他远近闻名。当我在阔别14年后又回到丹佛姆林的时候，一个老人向我走来，他当时一副老态龙钟的样子，鼻子和下颚都显露出他的老态。别人跟他说我是"教授"（我祖父的密友们都是这么称呼他）的孙子。

他蹒跚地朝我走来，颤抖着伸过手来摸我的头说："上帝呀，你就是安德鲁·卡内基的孙子！简直跟你爷爷一模一样！"

在丹佛姆林，一些老人给我讲了许多有关祖父的故事。其中一个说："一个除夕夜，村里一位颇有个性的老妇人被窗户上突然闪现的鬼脸吓了一跳，仔细一看，便惊叫道：'天啊，原来是那该死的家伙——安德鲁·卡内基。'"没错，当时我的祖父已经75岁了，却经常装扮成爱嬉闹的年轻人，跑出去吓唬他的老太太朋友。

我想我之所以这样乐观，拥有排解烦恼及谈笑人生的能力，还有朋友说的能把"丑小鸭变成白天鹅"的本领，皆因得到祖父的遗传。我因继承了他的名字而感到自豪。我觉得阳光一样的个性比财富更有价值，年轻人应该懂得性格可以培养，思想也跟身体一样可以获得阳光。让我们现在就开始注意培养乐观的性格吧。微笑能驱走烦恼，一个人哪怕有一点哲学头脑，他就不会因为出了差错而自责。伯恩斯提出了生活中的重要法则："唯有自责才可怕。"对我而言，这条格言比其他任何说教都更受用。我后来的一位老友贝利·沃克也抱持类似的信念。他的医生询问他的睡眠情况，他说不尽如人意，根本不能入睡，又眨着眼睛说："但是我能在教堂舒服的打会儿盹。"

在我母亲的家族这边，外祖父托马斯·莫里森更加著名，他是威廉·古伯特（《政治评论》的撰稿人）的朋友，他们一直保持着书信联系。在丹佛姆林，一位认识我外祖父的老人说，他是最具天才的演说家和最有能力的人之一。他曾出版过《先驱报》，同古伯特的《政治评论》比起来，这只是一份小刊物，却被认为是最激进的报纸。我读过他的一些文章，都是关于技术教育的重要性的。其中一本小册子在我看来最有价值，那是70多年前出版的，书名是《扑装载机与手持式装载机》。在某种意义上，他表现出对后者的重视，这说明他对工业教育的强烈支持。小册子以这样一句话结尾："我感谢上帝，让我在年轻时就学会了做鞋修鞋。"古伯特把这句话放进1833年出版的《政治评论》，以编辑的身份评价道："最有价值的通信之一就是与我尊敬的苏格兰朋友兼记者托马斯·莫里森的书信，这些书信发表在《政治评论》上。"所以，现在看来我这信笔涂鸦的爱好来自于父母双方家族的遗传。因为卡内基家族的人既是读者又是思想家。

我的外祖父莫里森是天生的演说家、热情的政客，是当地具有先进思想的激进派的头目。他的儿子、我的舅舅贝利·莫里森接替了他的位置。在美国，不少有名望的苏格兰人来拜访我，同我——托马斯·莫里森的外孙——握手。一次，克利夫兰和匹兹堡铁路公司总裁法默先生对我说："我的学识和修养得益于你的外祖父。"著名的丹佛姆林历史研究家埃比尼泽·亨德森公开表示，他的成功源于他在孩提时期得到了我外祖父的帮助。

正是受到这些赞扬，我才对生活有了更高的追求目标。但是我认为任何赞美之词也比不上一位格拉斯哥的记者——他听过我在圣·安德鲁会堂上做的关于美国地方自治的演说，并且报道了很多有关我本人和家族的故事，尤其是关于我外祖父说的这句话，他说："当我发现站在讲台上的是托马斯·莫里森的外孙，他的风格、举手投足和长相，简直像极了老托马斯·莫里森时，我是多么的惊讶啊！"

我记不起是否见过外祖父，但是我和他长得惊人地相像，这一点是不容置疑的，因为我清楚地记得27岁那年第一次回丹佛姆林的情景。当时我和舅舅贝利·莫里森坐在一起，他那双又大又黑的眼睛里含满泪水。当时他无法言语，克制不住内心的激动，跑出了房间。过了一会儿，他回来跟我解释说从我身上仿佛看到了他父亲当年的样子，可瞬间即逝。这只是一种感觉，他没办法准确表达出来。母亲时常能在我的身上发现外祖父的一些特征。像神态这种超出生理的东西也能遗传，这是多么奇妙的事情啊！我常因此被深深地感动。

我的外祖父娶了霍奇小姐，她是爱丁堡一位受过教育、知书达理、有地位的淑女。但她在孩子们还小的时候便去世了。当时，外祖父的家境不错，他是丹佛姆林的一位皮革商人。但在滑铁卢战争之后，他破产了。只有他的长子——我的贝利舅舅，在童年时享受过奢侈生活，甚至还有小马骑，而其他几个小一点的孩子都只赶上了艰难的日子。

我的母亲玛格丽特是家中的次女，关于她，我恐怕难以言尽。她继承了她母亲的高贵、优雅和涵养。也许有一天我能谈一些关于她的事情，但是未必能把她的形象完整地勾画出来。她给我的感觉只有神圣。没有人真正了解她——除了我。在父亲去世后，她成为我生命中的全部。我的第一本书中有这样一段话——"献给我最爱的女英雄——我的母亲。"

我很幸运出生于这样的家庭。一个人出生在哪里是非常重要的，因为不同的环境和传统对孩子的人生影响是巨大的。艺术评论家罗斯金的研究发现，在爱丁堡，每一个聪明的男孩都会受到城堡的影响。在丹佛姆林的孩子也一样，会受到大教堂的影响。早在11世纪（1070年），马尔科姆·吹摩尔国王和他的王后玛格丽特（苏格兰的守护神）就修建了苏格兰的威斯敏斯特城堡。大教堂和历代国王出生的宫殿的遗址尚在，皮坦克里夫峡谷、玛格丽特王后的圣坛也还在，还有马尔科姆国王塔德的遗址。古老的童谣《帕特里克·斯彭斯先生》唱道："国王坐在丹佛姆林塔上，喝着血红色的葡萄酒。"

布鲁斯国王陵墓就位于阿比大教堂的中心，圣·玛格丽特王后的墓在它附近，许多皇室家族的成员也环绕在这周围。对初次来到这个充满传奇色彩的城市观光的孩子来说，这的确是非常幸运的。这座小城坐落在福思湾北面三英里的高地上，可以俯瞰大海，朝南可以瞭望爱丁堡，北面是奥克山顶。一切都能显露出曾经有过的辉煌，当时的丹佛姆林是整个苏格兰的首都和宗教中心。

生活在这样的环境里，呼吸着空气中的诗意和浪漫，接受历史和传统的熏陶。对孩子来说，这一切都是童年的真实世界——但愿这真实永在。即使在后来的生活中，面对残酷的现实，这种真实也会仍然存在。即使在生命的终点，这种早年的影响也不可磨灭。或许会在某个瞬间消失，但它总会立即回来，发挥作用，帮助他提高思想，丰富他的生活。大教堂、宫殿和峡谷影响着每一个丹佛姆林聪明的孩子。打动他，并给他播下耀眼的火种，使他与众不同，使他不在意贫贱的出身。我的父母也是在这鼓舞人心的环境下出生。因此，我毫不怀疑他们身上具有浪漫和诗意。

在父亲的织布生意成功后，我们就从摩迪街搬到了里德公园，住进了比较宽敞的房子。父亲的四五台织布机把楼下都占满了。我们要走外面路边的楼梯，才能到达上面我们住的那一层。这是一座很普通的旧式苏格兰房子。就是从那时起，我开始记事。记得有一天，我看见了一幅美国地图，用轴卷着，大约有2平方英尺。父母、威廉姨父和艾特肯姨妈在地图上找匹兹堡，还指着伊利湖和尼亚加拉河。不久，威廉姨父和艾特肯姨妈就去了那片乐土。

我们当时陷入了巨大的危机之中。表兄乔治·劳德（"多德"）和我都印象深刻。有一面非法的旗子藏在我家顶楼，那是在谷物法游行中使用的。我想那可能是父亲或舅舅，或者是家中其他的激进分子干的。镇上发生了几起骚乱，骑兵部队也被调进了市政府。父母双方的家族分成了两派，而父亲则忙于各类演讲集会。整个家庭岌岌可危。

我清楚地记得在一天夜里，我被一阵敲窗声吵醒。来人通知父母说舅舅贝利·莫里森因组织非法集会被关进了监狱。镇长带了几个士兵到举行集会的镇上，把舅舅逮捕了。当晚，舅舅又被带回那个镇，跟着一群围观的人。

我们后来得知，群众为了救他，发动了游行以恐吓政府。镇长劝舅舅去窗前看看大街上的情形，请群众解散。他同意了。他对人群说："如果今晚在这里的是我的同志，请抱紧双臂。"大家照做了。停了一会儿，他又说："现在请安静的解散吧！"我的舅舅，就像我们家族中的所有成员一样，正直守法而又激进爱国。

可以想象，当一些私下说的话被公开，是多么痛苦的一件事。对国王和贵族政府的谴责、对各种形式特权的谴责、共和国体制的伟大、美国条件的优越、一块养育着我们自己同胞的陆地、一个自由的家园，在这里公民权应该属于每一个人——这一切话题都让我感到兴奋不已。作为一个孩子，我想杀死国王、公爵和地主，我把这看作是英雄所为，并认为他们的死是对国家的贡献。

正是童年的这些影响，使我对那些不是通过捷径获得特权的阶级或个人，充满了敬意。仅仅依靠门第或出身，免不了会遭到讥讽——"他什么也不是，什么也干不了，只是碰巧出生在一个好家庭；他们家真正英明的人像土豆一样，埋在地里。"我怀疑这些人一定是过着天生就享有特权的生活，但特权不应该是生来就有的。

在这个国家，尽管丹佛姆林的佩斯利涡纹旋花呢颇有名气，但它的盛名还是因为它的激进思想。之所以这么说，是因为我所接触到的丹佛姆林人大都是手工业者，大多拥有自己的织布机。他们的工资不是计时，而是计件。他们从大制造商那里分包下来，然后回家完成。

这是一个有着强烈政治激情的时代。整个城镇，在午饭后经常有系着围裙的男人们，成群结队地聚在一起讨论时政。休姆、科布登、布赖特等人常被人们提起。我当时虽然还小，却常被吸引过去。我总是认真地听他们谈话，大家一致认为必须要有所改变。市民们组织了许多集会，征订了一些伦敦的报纸，常由舅舅贝利·莫里森来宣读最新社论。每晚来听的有普通市民，奇怪的是，这其中也有镇上的传教士。读过之后，大家就开始发表评论。这样的集会非常激动人心。

这种政治性的集会常有。对于集会，我同家族中的其他成员一样，有着浓厚的兴趣，也经常参加。我的父亲和一位叔叔总是在会上发表演说。我记得一天晚上，父亲在露天会场演讲，我钻进了听众的夹缝中，一阵喝彩声传来，让我更加无法抑制心中的狂热。我抬头望着将我夹在他双腿之间的那个人，告诉他在上面发言的人是我的父亲，他竟然将我擎到了他的肩上。

正是在这样的环境里，我成长为一名坚定的小共和主义者，我的信仰是"誓死捍卫公民权利"。那时，我并不了解什么是公民权，但是父亲知道。

姨父劳德最精彩的一个故事和J.B.史密斯（丹佛姆林议会代表约翰·布赖特的朋友）有关。姨父是委员会中的成员，一切都进展得很顺利，直到宣布史密斯是一个"神教徒"。选区主持人问道："你们愿意投这位神教徒一票吗？"场上一片沉默。卡耐·希尔村的史密斯委员会主席是一位铁匠，他宣称绝不会投票给他。姨父赶着车去找他辩驳。他俩在村里的一个酒馆碰上。

"先生，我绝不会把票投给一位神教徒。"这位主席说。

"但是，"姨父说，"如果竞争对手是基督教徒呢？"

"该死！"

之后，铁匠投了史密斯的票。史密斯以过半数的选票赢得了此次选举。

蒸汽织布机代替了手工织布机，这对我们家来说是灾难性的。父亲没有意识到工业革命的到来，而是继续用传统的方法苦干。他的织布机很快跌价，在这关键时刻，母亲挺身而出，她是家庭的中流砥柱，努力挽回家庭的经济损失。她在摩迪街开了一家小店，补贴家用。尽管收入不多，在那时却足以维持全家舒适而体面的生活。

从那以后，我开始明白贫穷的含义。那是可怕的一天，父亲带着最后一点布匹去见那位大制造商。我看到母亲焦急地等待父亲回家，想知道能不能接到新的活儿。父亲当时的样子让我很心痛，虽然像伯恩斯说的那样"不卑鄙、不低劣、不可恶"，却也"祈求上苍再赐一片乐土，让他可以劳作求生"。

那时我就下定决心，长大后一定要努力改变现状。然而，和邻居们相比，我们家并没有因贫穷而降低生活水准。母亲仍想方设法让两个男孩穿得干净整齐。

父母曾无意中说过不会主动送我去上学，除非我自己要求去。这个承诺后来让他们感到非常不安，因为长大后我丝毫没有提出过想上学的意思。他们只好拜托罗伯特·马丁校长关照我。一天，校长带我去远足，同行的还有一些伙伴，他们都已入学。回来后我就要求到马丁学校上学，这令父母感到释然。不用说，我的请求很快就被应允了。那年我8岁，后来的经验告诉我，这个年龄入学对任何一个孩子来说都不算晚。

上学对我来说是一件快乐的事。如果有什么事情妨碍了我去学校，我就会很不开心。然而这样的事情时常发生，因为我早上有任务要到摩迪街头的井边打水。水井的储水量不多，也没有规律。有时要熬到快正午才能打到水，我常常遭到一群老妇的责骂，因为她们前一天晚上就用水桶占好了位置，却被我插了空。可以想象，我当然是毫不示弱，和这些尊敬的老太太理论一番。这使我得到一个"坏小子"的名声。也许正是通过这种方式，培养了我的辩论和好斗能力，总也改不了。

正因为要干这些工作，我时常迟到。校长知道原因，所以总能谅解我。我通过关系找到一份活儿，课后到店里当伙计。回顾10岁那段日子，我很满意，因为那让我感到自己是父母的好帮手。不久以后，很多店主信任我，把账目交给我保管。就这样，我很小就对生意上的事情有了些了解。

然而，上学时，有一件事令我很苦恼。男生们给我取了个绰号叫"马丁的宠儿"。他们也经常在大街上这样叫我。我不知道它的全部含义，但在我看来是极大的侮辱。正是因为这样，我始终没能回报这位好老师——我唯一的校长。我感到歉意，因为再也没有机会在他生前给予报答了。

我还要提到一个人，那就是我的姨父劳德——乔治·劳德的父亲。他带给我的影响是不可低估的。父亲每天要在织布房不停地工作，根本无暇顾及我。姨父是海尔街一家商店的店主，因此他并不算忙。那条街是贵族店长（在丹佛姆林，店长有各种贵族等级）的聚集地。我刚上学不久，姨妈就去世了，这对姨父来说是很大的打击，从此他只有跟他的独子乔治和我在一起时，才会感到宽慰。他对付小孩很有办法，教给我们许多东西。他给我们讲英国的历史，让我们想象每个国王都在房间墙上的某个位置，然后为我们上演一幅幅他熟悉的画面。所以直到今天，在我印象里的约翰国王仍在姨父家的壁炉上面签着大宪章；而维多利亚女王则坐在门后，膝盖上抱着她的孩子。

许多年后，我来到威斯敏斯特教堂，找到了历代国王的名册，才将姨父没有讲过的部分补完。在威斯敏斯特一个小教堂里有一张停尸桌，并说明奥利弗·克伦威尔的尸体曾在此停放。他是最让姨父崇拜的共和主义国王，他给罗马写过一封信，通知教皇"如果他不停止对教徒的迫害，那么梵蒂冈将会听见大英帝国的炮声"。毫无疑问，克伦威尔在我们的心目中是一位大英雄。

从姨父那儿，我熟悉了苏格兰的早期历史——关于华莱士、布鲁斯、伯恩斯、布林德·哈里、斯科特、拉姆齐、坦纳希尔、霍格和费格斯。此时此刻，用伯恩斯的话说，我产生了一种苏格兰情怀（或称之为爱国精神），至今不灭。华莱士当然是我们的英雄。他身上集合了一切英雄的特征。令人伤心的是，有一天，一个讨厌的大男孩跟我争论说英格兰比苏格兰大得多。于是我去找姨父求救。

"不是那么回事，奈格。如果把苏格兰展成像英格兰那样的平地，当然是苏格兰大。但是高地能展开吗？"

"哦，不会！"他的回答是一剂良药，安抚了我这颗受伤的爱国之心。后来，我又被英格兰人口更多的问题难住，我又去找他。

"没错，奈格，7:1。但是班诺克本战役时，比例更悬殊。"（在班诺克战役中，苏格兰人以少胜多，打败了英格兰军队）这又给了我安慰——我开心是因为英国人越多，我们就赢得越光荣。

有一句名言：战争会繁殖战争。每一次战役都为下一场战役埋下了种子。国家之间因此而世代为敌。美国男孩和苏格兰男孩有着相同的经历。他们学过华盛顿与福格谷的历史、黑森人被雇去杀死美国人的历史。美国男孩因此而仇视英国人。我和我在美国的侄儿都受过这种教育。苏格兰人很善良，英格兰人却很不道德，要打苏格兰。直到现在，两个民族的偏见还深深地根植在彼此心中，可能还会延续更久。

劳德姨父常带别人到家里来，跟别人说他能轻易地让"多德"（乔治·劳德）和我哭笑，或让我们哥俩握紧拳头互相打架。总之，他能用诗歌来影响和控制我们的情绪。特别是华莱士被出卖的故事，成为姨父的一张王牌。凭借这张王牌，他每次都能让我俩幼小的心灵哭泣。这个故事永远都那么有吸引力。毫无疑问，姨父每次都会重新给故事润色。英雄对孩子的影响是多么的强烈呀！

大部分时间我都会在海尔街，同姨父和"多德"在一起。因此，"多德"和我建立了一生的兄弟情谊。家里人总是叫我俩"多德"和"奈格"。我从不叫他"乔治"，他也不叫我"卡内基"。我们一直都叫彼此的昵称——"多德"和"奈格"。没有比这更显亲昵的了。

我家在镇尾的摩迪街，从海尔街的姨父家回来，有两条回家的路。一条是沿着教堂的墓地，没有灯，很可怕；另一条经五月门的大道，一路都有灯光。每当我要回家时，姨父总是坏坏地问我要走哪条路。一想到华莱士，我就会回答走教堂那边的路。我每次都能经受住灯光的诱惑，不走五月门那条路，这让我感到很自豪。每次经过漆黑的教堂门前的拱桥时，我都非常紧张，心都快跳到嗓子眼。我试着在漆黑的夜里靠吹口哨来壮胆。想退缩的时候，就想想如果华莱士碰到敌人、怪物或是鬼怪时会怎么做。

在我和表兄的童年时代，国王罗伯特·布鲁斯从来没得到过我们公正的评价。对我们来说，他只是个国王，仅此而已，而华莱士却是人民心中真正的英雄。约翰·格雷厄姆先生在我们心中是第二位英雄。强烈的爱国热情在苏格兰男孩的心中形成了一股力量，这力量一直持续到生命的尽头。要问我这力量是从哪里得来的，我想定是来源于华莱士，这位苏格兰英雄。对一个孩子来说，自己所崇拜的英雄是最值得信赖的人。

我到了美洲一些其他国家，他们宣扬自己有很多的骄傲，这使我为他们感到可悲。一个没有华莱士、布鲁斯、伯恩斯的国家能有什么样的骄傲呢？那时我一直认为没有到过苏格兰的人，全都只是沉浸在一种自以为是的自豪里。随着年龄的增长，知识面的拓宽，我才知道每个国家都有他们的英雄、传奇、习俗和成就。然而，一个真正的苏格兰人不会在若干年后，找借口贬低自己的国家，以及它在世界上的地位。他会寻找足够的理由抬高那些来自别国的评价——因为每个国家都有属于自己的骄傲——以激励子孙做出贡献，而不要给生养他的这片大地抹黑。

许多年以后，我还感觉身处的这块新大陆只是一个临时住所。我的心只属于苏格兰。就像彼得森校长的小儿子，问他是否喜欢加拿大，他回答说"那儿作为一个观光旅游的去处很不错，但是我不能住在离布鲁斯、华莱士太远的地方"。

卡内基成功箴言

我很乐观，我的丑小鸭都是白天鹅。对我而言，世界一片光明，这里就是人间天堂——我总是很幸福，很感激这样的命运。

第二章
丹佛姆林和美国

　　劳德姨父在教育我和多德时，非常重视背诵。这使我们收益颇多。我俩经常在同学和大人们的面前，卷起上衣袖子，戴上纸做的头盔，把脸涂黑，用削尖木条做剑，扮成戏剧中的人物，背诵台词。

　　我清楚地记得，诺瓦尔和格雷纳温之间有一段经典的戏剧对白，当中重复出现一个词——"该死的虚伪"。说到这个词时，我俩有些顾虑。起初我俩总是用一声咳嗽带过，观众就会大笑。直到有一天——这是伟大的一天——姨父告诉我们说"该死"这个词是没有关系的。于是后来我们就经常练习这个词。我常扮演格雷纳温，说这个词的频率就更高。这种自然的表达方式使我感到很轻松。我能充分理解马乔丽·弗莱明，一天早上，她正在发脾气，沃尔特·斯科特问她怎么了，她回答："我想发脾气，斯科特先生，我真想说'该死的'，但是我不能。"

　　此后，说出不雅的词也成了我们演出中的精彩之处。在讲道坛上，牧师说"混账"不算罪过；那么在朗诵时，我们也可以不受拘束地说"该死"。还有一件事给我留下了深刻印象。诺瓦尔和格雷纳温在格斗时，诺瓦尔说"只有死亡能结束战争。"1897年《北美评论》的一篇文章里用了这句话，姨父碰巧读到，立即从丹佛姆林写信告诉了我。

在姨父的教育方式下，我的记忆力有了很大程度的提高。我认为有益于青年人的学习方法，莫过于鼓励他们去记住和背诵一些经典故事。我对自己的速记能力感到满意，这也让一些朋友惊讶。任何事情，无论有无兴趣，我都能记得住。但是对那些没有留下深刻印象的部分，我就会很快忘记。

在丹佛姆林上学时，我们有一个考试，内容是每天默写两首双音节的诗歌。我是这样做的，在上学的路上抓紧看一看。尽管只有五六分钟的时间，但对我来说足够了。因为第一节课就是诗歌，所以我总会轻松过关。可是如果让我在三十分钟后再默写一遍，那我肯定就做不到了。

我没有依靠家人，而是完全凭自己的能力从马丁校长那儿赚到了第一个便士。那是因为我完整的复述了伯恩斯的诗《人生来就是受苦的》。这让我想起了许多年后，在伦敦的一次晚宴上，我和约翰·莫利先生谈起沃兹沃斯的生平。莫利先生说他正在找伯恩斯的诗《晚年》，这首诗他很是欣赏，可就是找不到原文。我很荣幸地给他背诵了其中一段，他当即给了我一个便士。啊，莫利先生真是和马丁校长一样可爱。对我来说，他是多么真诚的一个人啊！

我俩没有受到太多宗教上的束缚。别的孩子被强迫学习《简明教义问答手册》，而多德和我却不必去理解这些永远看不懂的经书。我的家族，包括莫里森和劳德家族都反对教义，对待宗教的立场就跟对待政治一样偏激。我们家族的圈子里，没有一个正式的长老教会员。我的父亲、艾特肯姨父和姨妈、劳德姨父，还有我的卡内基叔叔，都不信仰加尔文教。一段时间里，他们在斯维登伯格学说中找到了港湾。母亲对宗教的事情不发表意见。在我看来，她从不关心，也不去教堂。那时，她没有仆人，要干所有的家务，包括准备周日全家人的午饭。当时有一本读物《查宁基督教》，成为母亲的最爱。她真是不简单！

笼罩在一种宗教和政治的不安的氛围中，我度过了童年。我听到了当时很多政界最先进的思想——消灭特权、公民平等权、共和制等，也听到了许多宗教方面的思想，这些深远的影响，伴随着我的成长。加尔文教苛刻的条律对我来说就像噩梦一般，幸亏及时的倾诉出去才使我得以解脱。有一件事对我影响很大，那就是在牧师布道时，父亲提出脱离长老教会。当时我也在场。

父亲无法接受它的教义，他说："难道这就是你们的宗教，你们的神？我要去找一个更好的信仰、一位更英明的神。"说完他便离开了教堂，再也没进去过。但是他没有停止留心其他的教会。我记得他每天早上都要到小隔间里祈祷。他的确是一位信徒，永葆一颗虔诚的心。对他来说，所有宗教都应该是正义的化身。他发现宗教的流派很多，但信仰只有一个。我为父亲骄傲，因为他拥有比牧师更多的知识。正如安德鲁·D.怀特在自传里称自己是一个"永远的复仇者"——牧师给人们勾画的并不是一位圣人，而是一个古老遗嘱中残忍的复仇者。

我童年最大的快乐来自于养鸽子和兔子。每每想到父亲给我的这些宠物所搭的窝，我都感激不已。我家成了我和小伙伴们的聚集地。母亲认为家庭是培养孩子走上正道的最佳环境。因此她常强调要让家里充满快乐。对父母而言，没有什么比让我们得到快乐更重要的事情了。

我做的第一笔生意，是让我的小伙伴们为我服务一个季度，报酬是以他们的名字来给小兔子取名。他们要利用周末假日等闲暇时间给小兔找食物。每当回想起这笔不公平的交易，让伙伴们吃了亏，我就会良心不安。因为整整一个季度里，他们毫无怨言地采蒲公英、三叶草，得到的却是少得可怜的回报。唉！我一分钱也没有付给他们！

虽然现在想起让我感到愧疚，但我很珍惜这次活动，它是最早展现出我的组织能力的证据。要获得成功，不在于掌握多少知识，而是要懂得知人善任。对任何人来说，这种能力都是值得去珍惜。我不懂蒸汽机的原理，但我会努力去搞懂比蒸汽机更复杂的事物——人！1898年，我们乘马车旅行时，经过一家苏格兰高地上的小旅馆。一位绅士走过来，介绍说他是麦金托什先生，苏格兰的一位大家具制造商——我们后来一直保持着很好的联系。他说他是当初给小兔找食物的伙伴之一，而且其中一只小兔也取了他的名字。可以想象，我见到他是多么高兴啊！从前一起养兔子的伙伴中，长大后我只见过他。我希望和他一起珍藏这段友谊，并能经常见面。（手稿写到今天是1913年12月1日，我收到了一封他珍贵的短信，回顾了我们的童年往事。我也给他回了一封，他也一定会感到温馨的。）

随着蒸汽机时代的来临，丹佛姆林小作坊式的生意变得越来越糟。终于，我们给在匹兹堡的两个姨妈写了封信，说我们打算去投奔她们，不是为了改变家境，而是为了两个儿子更好的生活。她们立即回信表示欢迎。接下来，父母就开始拍卖织布机和家具。那段日子，父亲总是用甜美的嗓音唱着：

向西，向西，奔向那块自由的大陆。那里有波澜壮阔的密苏里河，流入滔滔江海。那里的人们虽然辛苦，却拥有做人的权利。穷人也能收获大地赐予的一切果实。

整个拍卖的过程都令人失望。织布机根本卖不上什么价钱。到最后，离我们去美国的旅费还是差20英镑。多亏了母亲的一位好友亨德森夫人的帮助——母亲总是能结交到愿意为朋友两肋插刀的人，因为她也是这样对待朋友的——亨德森夫人冒险借给了我们20英镑，劳德姨父和莫里森舅舅为我们做了担保。劳德姨父帮我们打点好一切，直到1848年5月17日我们离开丹佛姆林。那年，父亲43岁，母亲33岁，我13岁，而小弟弟汤姆刚5岁——他是一个漂亮的白发男孩，有一双明亮的黑眼睛，人见人爱。

从此，我再也没有像其他孩子一样进过校门，只在美国的一所夜校上过一个冬天的课。后来有一阵子，父母给我请了一位法语家教，每天晚上教我。说来很巧，他不光是法语老师，还是一位演说家，从他那里，我学到了演讲的技巧。就这样，我能读写、会算术，并开始学习代数和拉丁语。在一次旅途中，我曾给劳德姨父写过一封信，可以发现我那时的书法比现在要强多了。我努力学习英语语法，勉强达到了同龄孩子所应该掌握的程度。

我读的书主要是关于华莱士、布鲁斯、伯恩斯的，并能背诵其中的经典诗句。小时候，我也读过童话故事，尤其是《一千零一夜》，它将我带进了一个全新的世界。在我如饥似渴地阅读那些故事时，它们也将我带入了一个梦幻般的天地。

那天早晨，我们登上了开往查尔斯顿的那趟列车，离开了丹佛姆林。我泪眼汪汪地看着窗外，看着丹佛姆林渐渐远去，最终消失在我视线中的是那座威严而古老的大教堂。在离开丹佛姆林的这14年中，我几乎每天都会像那个早晨一样，想"何时我能再回来？"在离开的日子里，我时常想到大教堂塔上富有魔力的文字——罗伯特·布鲁斯国王。那里有我童年的全部记忆、熟悉的乐园和大教堂，还有晚钟（每晚8点敲响，这是我上床睡觉的时间），全都联系在一起。

马车驶下廊道，我和沃尔斯教士长站在马车的前排座位。我听到了大教堂的钟声，那钟声是为母亲和我而鸣的。我双膝跪下，止不住地哭泣。我转过身，告诉教士长说我控制不住了。有一会，我觉得自己仿佛昏了过去。还好，当时周围的人不多。我能有时间调整情绪，用力咬住嘴唇，直到流出血来。我轻声对自己说："会好的，要冷静，坚持住。"是的，从来没有一个声音像教堂的钟声一样，如此悦耳、美妙，震撼着我的耳膜，深入我的灵魂。

伴着晚钟，童年的我被抱到床上进入梦乡。每晚，母亲或父亲都会用慈爱的声音告诉我钟声说了些什么。透过他们的解说，钟声变成了许多甜美的话语。他们数落我今天又干了什么坏事时，声音就像从天堂和圣父那儿传来的。我知道他们并没有真的生气，他们从不生气，从来没有，只是会感到遗憾，非常遗憾。如果再次听到钟声，我定会激动得失声。晚钟有自己的语言，现在它想表达的是欢迎游子重回到它温暖的怀抱。

老天从不为我们计划，更不会给予我们任何东西。只有晚钟会无私奉献它的关怀。在我们走之前，弟弟汤姆也开始领悟到晚钟的美妙了。

卢梭希望伴着甜美的音乐死去。而我会选择在临终之时，大教堂的晚钟能在耳边敲响，告诉我人生的赛跑已结束，最后一次召唤我入睡，就像从前召唤那个白头发的孩子一样。

我收到很多读者的来信，有的人说每当读到这一段时，都会潸然泪下。因为那是我的心声，所以也许也能唤起读者的心声吧。

我们乘小船到达福思湾，在那里转搭"爱丁堡号"汽船。就在我被从小船抱到汽船的那一刻，我冲向劳德姨父，搂着他的脖子，大声喊道："我不离开你！我不离开你！"一位好心的船员将我们分开，把我放到甲板上。重回丹佛姆林时，亲爱的姨父来看我，说那是他目睹过的最感人的一幕。

我们乘坐重达800英吨的帆船"威斯卡塞特号"，从格拉斯哥起航。经过7周的航程，我和水手们已经混得很熟，知道了各种绳索的名字，还知道乘客该如何回答船长的指令。由于船上人手不够，有时需要乘客的帮助。因此，每到周日我都会得到邀请，分享水手们的葡萄干布丁。最终离开这艘船时我感到恋恋不舍。

初到纽约时，真是感到眼花缭乱。我到过爱丁堡，但那是在移民之前最远的一次旅行，并且没时间游览格拉斯哥。纽约是第一大工业区，交通拥挤，车水马龙，行人也都匆匆忙忙的。这一切都让人目不暇接。在纽约，有一件小事令我印象深刻。当我走过城堡公园的草地保龄球场时，突然有人抓住了我的手，原来是"威斯卡塞特号"的一名水手罗伯特·巴里曼。他穿着蓝夹克、白裤子，是一个很帅的小伙子。

他把我带到一个冷饮摊，买了一杯汽水给我。我喝了一口，顿时感觉就像从刻花的黄铜瓶子里涌出的琼浆玉液，实在是一种无可比拟的享受。后来我每次经过这个地方时，就会去看看这个老妇的冷饮摊，怀念这位善良的水手。我曾想找到他，却徒劳无功，他早已离开人世。如果可以，我多想给他的晚年生活增添些欢乐。他就是我心中完美的汤姆·鲍林，每当听到这首老歌，我总会把"男性美的典范"想象成他的模样。

我们在纽约只认识斯隆夫妇——著名的约翰、威利、亨利的父母。斯隆夫人（尤菲米娅·道格拉斯）是母亲儿时在丹佛姆林的玩伴。斯隆先生和父亲是织布生意上的伙伴。我们受到了他们的热情招待。值得高兴的是，1900年，威利从我手上买去了一块地，就在我们纽约的房子对面。他把这块地留给两个已婚的女儿，这样我们的第三代也成了玩伴，就像当年斯隆夫人和我的母亲一样。

纽约的移民代理人建议父亲从布法罗和伊利湖方向到克利夫兰，然后再从运河到俄勒冈州——这在当时花了3周的时间，而今天只要10小时就可以完成。当时没有铁路到匹兹堡，西部的很多城市都没有。伊利铁路也还在修建中，旅途中我们看见很多人都在忙着修路。回顾那3周的旅程，一切都还顺利。唯一的不足之处，是我们被迫待在俄勒冈州的一艘趸船上，等待从俄亥俄州出发的汽船到达这里，再送我们到匹兹堡。在这里，我生平第一次领教了蚊子的可怕。母亲遭了很多罪，以至早上起来看东西都有困难。我们也都受到了蚊子的攻击，但就算在饱受蚊虫叮咬的晚上，我照样能酣然入睡。我一向都睡得好，体会不到"可怕的夜晚，地狱里的孩子"这种情形。

匹兹堡的朋友们焦急地等待着我们的音信。他们热情周到的款待，让我们忘记了旅途的奔波劳苦。我们在阿尔勒格尼安下家来，和他们住在了一起。霍根姨父的兄弟在丽贝卡街开了一间小织布店，二楼有两个房间，那就是我们的新家了（房子是艾特肯姨妈的，不需要付房租）。不久，姨父就不做织布生意了，于是父亲把生意接了过来，开始织台布。他不光织布，还要四处推销，因为没有经销商愿意批发布匹。父亲只得挨家挨户去卖，收入相当微薄。

这时，又轮到母亲出来为家里解围了——什么也难不倒她。她小时候跟我的外祖父学过做鞋，挣零花钱。这手艺现在能解家中的燃眉之急。菲普斯先生（他的儿子是我的朋友及合伙人亨利·菲普斯）和外祖父一样，是鞋店老板。他是我们在阿尔勒格尼的邻居。母亲做完家务——因为家里根本雇不起用人——还得从他那儿接一些活儿来做。母亲靠做鞋，一周挣4美元。她常工作至深夜。每到傍晚，家务事暂告一段落，母亲就抽空将弟弟抱在腿上，让他帮着穿针、蜡线，一边又满怀慈爱地给弟弟讲苏格兰故事，或富有哲理的寓言，就像以前对我那样。

这是正直而贫穷的家庭出身的孩子最值得珍惜的优势。母亲在家中扮演着护士、厨子、家庭教师、圣徒的角色。而父亲则是榜样、向导、顾问和朋友！我和弟弟在这样的家庭里长大，与我们得到的相比，那些富家子弟和贵族孩子拥有的遗产不足为道。

母亲是一位勤劳的家庭主妇，但在邻居们的眼中她更是一位智慧和善良的女性。当他们遇到麻烦时，母亲总能提供一些有用的建议。很多人跟我说过母亲是怎样帮助他们的。无论搬到哪里，无论穷人还是富人，都会来请她出谋划策。不管走到哪里，她总是显得那样与众不同。

卡内基成功箴言

在家里，母亲扮演着护士、厨子、家庭教师、圣徒的角色。而父亲则是榜样、向导、顾问和朋友！我和弟弟就是在这样的家庭里长大的。与我们得到的这笔遗产相比，那些富家子弟和贵族孩子得到的不足为道。

第三章
匹兹堡和工作

对我来说，最大的问题是找工作。我已满13岁，希望通过工作，帮助家里在新大陆上开始新的生活。但这在当时对我来说相当渺茫。我那时的愿望是，每年挣到300美元——每月25美元，这是维持全家生活的最低标准，这样就不用依靠亲友的接济了。因为当时的生活用品相当便宜。

霍根姨父的兄弟常问父母打算让我做什么。我因此目睹了一件最震撼的事情，令我永世难忘。他善意地对母亲说，我这样可爱的男孩，反应又灵敏，如果提着篮子，装点小玩意儿卖，一定能赚不少钱。这时，我领教到了女人被激怒后是什么样子。母亲一下子从椅子上站起来，丢下手里的针线活，两只手在他面前愤怒地挥舞着。

"什么！让我儿子去做小贩，和那些粗人一道沿街叫卖！我宁愿把他扔进阿尔勒格尼河。你走！"她指着门气愤地说。霍根先生走了。而她站在那里，仿佛一个失意的女王。瞬间，她整个人就瘫了下去，接着便开始哭泣。但是很快她就止住眼泪，把我和弟弟搂进怀里，让我们不要介意她的失态，告诉我们可以做的事情很多，只要走正道，就会成为有用的人，并且受到别人的尊重。母亲生气并非因为商贩的身份卑微，她一直教育我们懒惰才是最可耻的，而在她眼里，商贩难免有些无业游民的感觉，也得不到相当的尊重。与其这样，还不如让我们死去。母亲宁愿搂着两个儿子，同他们一起死去，也不希望她的儿子小小年纪就被放入低俗的环境中去。

回过头去看以前的经历，我想说"我有一个世界上最值得自豪的家"。家中每个人都有着强烈的荣誉感、独立性和自尊心。沃尔特·斯科特给伯恩斯的评价是：他是最有远见的人。我认为用这句话来描述母亲也是十分恰当的。

伟大的人的心中是不允许有一点儿低俗、卑劣、欺骗和动摇的。父亲是一个品格高尚、备受爱戴的人，一个虔诚的圣徒。汤姆和我在他们的熏陶下，也拥有了这样的品质。

不久之后，父亲发现必须放弃手织机的生意，去布莱克斯多克先生的棉纺厂工作。布莱克斯多克先生是阿尔勒格尼的一个苏格兰老人。父亲也在工厂为我谋到了一份绕线的差事。这成了我的第一份工作，每周的工钱是1美元20美分。那是一段难熬的日子。冬天，父亲和我不得不起早摸黑，为的是赶在天亮前到工厂。午饭时间很短，直到天黑才能下班回家。这样的作息使我痛苦，工作中也找不到丝毫快乐。但是，我也感到了一丝欣慰，那就是我终于能帮家里挣钱了。我赚过的钱数百万，可是带给我的成就感却远不及在这里领到的第一笔薪水。我现在是家里的好帮手，能够挣面包了，不用完全依靠父母了。我又能经常听见父亲唱起那首动听的歌——

《整理船只》了，而我总是接唱后面的几句词。

不久，约翰·海先生——另一家线轴制造商——需要一个男孩，问我是否愿意去他那里帮忙。我去了，报酬是每周2美元。起初，这份工作比原来那份更乏味。我负责一个小型蒸汽机，在线轴厂的地下室操作一台蒸汽机，还要负责烧锅炉。这对我来说太难了。我整晚守在床边，不停地测量气压，一边担心蒸汽的压力太低，工人们抱怨动力不够；另一边又担心压力过高会把锅炉炸掉。

但我并没有向父母诉说我的烦恼。他们也有烦心事。我必须做个男子汉，学会自己忍受。我的期望很高，每天都盼望有新的变化。我也不知道在期待什么，但是我肯定，只要坚持就一定有希望。那段日子里，我仍问自己华莱士会怎么做，一个真正的苏格兰人会怎么做。我想他一定不会放弃。

机会终于来了。海先生需要写海报。他没有文员，他的字也写得不太好，于是便询问我会写哪种字体，还分了一些任务给我，结果令他很满意。此后，他便觉得让我来出海报很合适。我也很擅长算术，不久他就发现让我做别的事情对他更有利。而且我相信，这位亲爱的老人对我这个白发男孩也存有好感。因为他有一颗善良的心，又跟我一样是苏格兰人，想要将我从蒸汽车间解救出来——分配别的工作给我。这些工作没有那么讨厌，除了一点。

我的新任务是把刚生产出来的线轴放到油桶里浸泡。幸运的是，因生产需要，这里是一个独立的车间，只有我一个人在这里工作。但是，不管我下多大的决心，对自己的弱点感到多么气愤，依然无法减轻恶心和反胃的烦恼。我始终克服不了油味引起的恶心。即便是华莱士和布鲁斯在这时也起不了作用了。但我如果不吃早饭或午饭，晚餐就会有个好胃口，并且能够完成任务。一个真正的华莱士和布鲁斯的信徒，是宁愿死去也不会放弃的。

与棉纺厂相比，为海先生服务很明显是进了一步，还因此结识了一个对我不错的雇主。海先生使用的是简式记账法，这个我能帮他处理。但听说大部分公司采用的是复式记账法。于是我与同事约翰·菲普斯、托马斯·N.米勒还有威廉·考利商量后，决定这个冬天去读夜校，多学点东西。就这样，我们四个人去了匹兹堡的威廉斯学校，学会了复式簿记。

1850年的一个晚上，我下班回到家，得知电报局的经理大卫·布鲁克斯先生向霍根姨父询问，能否找到一个好男孩去他那儿当信差。布鲁克斯先生和霍根姨父都是国际象棋的爱好者。这个重要的问题正是在他们下棋时谈到的。如此重要的事情却被当成一件小事处理。一个字、一个眼神、一个语调都可能影响一个人，甚至是一个国家的命运。布鲁克斯先生是一个大大咧咧的人，把任何事情都看得很小。如果有人劝他别费精力在琐事上，他总要问，什么才是琐事？年轻人要记住，小事往往是上帝赐予的最好礼物。

于是姨父便提起了我，说要看我是否愿意去。我还清楚地记得为此召开的家庭会议。我当然乐意去，如同笼中的鸟儿渴望自由。母亲也同意，但父亲却不太愿意。他说我还太小、太嫩，可能干不了这份差事。因为每周2.5美元的报酬，显然说明他们想要的是一个大孩子。另外，也许很晚都要到村子里去送信，太危险了。父亲认为我还是继续目前的工作比较好。可是不久父亲就改变主意了，让我去试试。我想他一定是和海先生商量过了。海先生认为那有利于我的发展，尽管这对他来说是一种损失，但还是建议我去尝试。如果我做不了，他随时欢迎我回来。

于是便下了决定。我得到通知到河对面的匹兹堡去拜访布鲁克斯先生。父亲希望与我同去，于是他陪我来到位于伍德大道第四个拐角处的电报局。这是一个阳光明媚的早晨，一切都很美好。父亲和我从阿尔勒格尼走到匹兹堡，约莫有两英里的路程。到了门口，我让父亲在外面等着，坚持一个人到二楼办公室见这位伟大的人物，面对自己的命运。我之所以这样做，可能是因为我已经开始把自己看作是一个美国人了。起初，伙伴们总是叫我"苏格兰佬！苏格兰佬！"我回答："是的，我是苏格兰人，我很自豪。"但是，我已经逐渐改掉了浓重的乡音，说话时只会带出轻微不同。我觉得和布鲁克斯先生单独谈话，要比老苏格兰的父亲在场更放松、表现得更好。

我穿着只有在安息日才穿的白色亚麻衬衫，内衬蓝色的紧身衣，穿戴了周日的全部行头。在电报局工作的前几周，我的夏装仅有这一套，每到周六晚上，不论我是否值班，也不论回家有多晚，母亲都会把它们洗净、熨干，为的是在安息日的早上可以穿得干净整齐。为了在这个西方国度站稳脚跟，母亲可以付出一切。父亲因为长时间的劳作，已经筋疲力尽了，但他仍如英雄般支撑着，并不忘时常给我鼓劲。

面试成功了。我谨慎地解释说，我不太了解匹兹堡，可能起初会做得不够好，但我会努力尝试。他问我什么时候能来上班，我回答如果需要的话现在就可以到岗。这个回答值得现在的年轻人深思：有机会一定要牢牢抓住。我得到了这个工作。如果错过机会，这个职位也许就是别人的了。既然得到了，就要好好把握。布鲁克斯先生叫来另一个男孩——因为我是额外增加的员工——让他领我熟悉环境，摸清业务。我找到机会出来告诉父亲一切顺利，让他回去告诉母亲我已经被聘用了。

这是1850年，我真正迈出了人生的第一步。曾经为了每周2美元，在暗无天日的地下室操作蒸汽机，弄得满身煤灰，没有一点发展的机会。对我来说，现在的工作简直是进入了天堂，这里有报纸、钢笔、铅笔，还有阳光。每一分钟，我都能学到新东西，或是发现还有很多要学的知识，这让我感觉到自己的知识很不够用。我仿佛看到身边有一架可以攀登高峰的梯子，一定要用尽全力向上爬。

我唯一担心的是不能很快记住所有商家的名字，而这些商家都是我们的固定客户。因此，我用笔把这条道上从头到尾的公司的名字全记下来。到了晚上，我依次背诵这些名字，终于记了下来。不久以后，我闭着眼睛都能叫出这些公司的名字，并且倒背如流。

下一步是要去认识这些商户里的人，这对信差是很有帮助的，如果认识这些公司的职员，就可以少跑一趟路。很可能在给某家公司送信途中，碰到他们的职员。对我们来说，这是最大的幸福。信差本人还会从中得到别的快乐，那就是一位大人物（在信使的眼里，大多数人都是大人物）在他旁边停下来，还免不了得到一番赞扬。

1850年的匹兹堡与现在截然不同。那时还没有从1845年4月10日那场烧毁了几乎整个商业区的大火中恢复过来。当时的房子主要是木结构，很少有砖结构的，更没有耐火的。匹兹堡的人口不超过4万。当时的第五大道很冷清，商业中心还没有延伸到那里，只因剧院在那里才有点名气。阿尔勒格尼的联邦大街只有零星几家公司。现在的第五大道的中心过去是一片池塘，我还曾在上面滑冰。我们联邦钢铁厂的厂址就在那里，多年后，这里变成了甘蓝花园。

鲁滨逊将军是第一个出生在俄亥俄州河西部的白人孩子，我给他送过一次电报。我见过第一条从东部到本市的电报线路，也见到了第一列连通俄亥俄州和宾夕法尼亚州的火车机车，是途径费城走运河到阿尔勒格尼的，在一艘平底船上卸的货。本市没有与东部直接连接的铁路。旅客要通过运河到阿尔勒格尼山脚，然后坐火车走30英里到荷李傣伯格，再从运河到哥伦比亚，坐火车走81英里到费城——总共花费三天时间。

那时有往返本市和辛辛那提的汽艇，它的到达和离开，是匹兹堡一天中最重要的事情。为确保两地每天的通讯工作，汽艇负责收发和递送两市的邮件。因为地处内陆河到运河的中转站，本市便成为东西部地区商品流通的枢纽。一家轧钢厂在此投资炼钢，但是当地的生铁不多，因此一年的钢产量不超过1吨。由于找不到合格的燃料，这家生铁加工厂最终彻底破产了。虽然周围储备着质量最好的焦炭，却和地底下的天然气一样开采不了。

无论从哪方面来说，信差的生活都是幸福的。而且就在那个时候，我遇到了一位挚友。他是负责顶替调走的信差队长的，名叫大卫·麦卡戈，就是后来赫赫有名的阿尔勒格尼山铁路部门主管。他成了我的搭档，我俩负责来自东线的所有信件；另外两个男孩负责西线的。尽管当时东西两线的电报部门都在同一间办公楼，却是各自独立的。大卫和我很快成了铁哥们，当然，一个很重要的原因是他跟我一样，也是苏格兰人，虽然他出生在美国，可父亲却是个地地道道的苏格兰人，就连讲话都和我父亲一样。

大卫上任不久，这儿就需要再招个人。这次他问我是否有适当的人选。我不假思索地推荐了我的密友罗伯特·皮特克思，他后来接替了我的位置，做了宾夕法尼亚铁路匹兹堡分部的主管和总代理。罗伯特和我一样，是纯粹的苏格兰人。所以大卫、鲍勃和我，这三个苏格兰男孩，一起负责递送匹兹堡所有东线的电报，报酬是每周2.5美元。信差的职责还包括每天早晨打扫办公室，我们轮班打扫。所以说我们三个都是从底层开始做起的。后来，侯·H.W.奥利弗——奥利弗兄弟制造公司的总裁，和律师W.C.莫兰德也在电报公司工作，他们的起步也和我们一样。在人生的竞技中，努力上进的年轻人不必担心会输给富家子弟。看吧，从打扫卫生起步的男孩就成了一匹"黑马"。

那时的信差能得到许多快乐。有时因为及时递送一封信件，便从水果店里得到一整袋苹果，有时则是一些甜点。信差总会遇到一些善良的人，他们对他表示尊敬，夸奖他的机警，或者让他帮忙寄一封信出去。我不知道还有什么事会比这些更让一个孩子在意，这些就是一个真正聪明上进的孩子所需要的。英明的大人物总会关注那些聪明又上进的孩子。

那时最大的快乐便是得到额外的10美分。当时规定只要递送的信件超过一定数量，就可以多得10美分。我们人人都渴望那"10美分的信"，因此常发生争执。这成为我们之间发生争吵的唯一原因。为了解决这个问题，我建议共享这些信件，到了周末把所得的钱平分，我来当财务员。这样做之后，我们之间便没有争吵，只剩下和平与快乐了。额外收入的共享不仅没有引起纷争，反而促进了真正的合作。这是我在财务策划方面的一次成功的尝试。

孩子们认为他们可以自如地使用这笔红利，大部分人还在糖果店里立有户头，因此账目时常超支。作为财务员，我便会通知糖果店的老板，说我不会为这些饥饿和贪婪的孩子负担任何债务。罗伯特是赊账最多的一个，他满嘴都是糖牙。一天，在我数落他的时候，他辩解道如果不吃甜食，虫子就会在肚子里面咬他。

卡内基成功箴言

要想取得商业上的成功，知人善任并给予适当的回报是必须的。

第四章
安德森上校和书籍

　　信差们愉快而努力地工作着。公司安排每两天轮一个晚班，直到邮局关门。轮到我值班的时候，很少能在11点前回家；而不值班的时候，也要6六点才能下班。因此根本没有多余时间充实自己，更不可能从家里拿钱买书。然而，感谢上天的眷顾，一个文学宝库向我打开了。

　　詹姆士·安德森上校（愿上帝保佑他），宣布要向孩子们开放他的藏书量达400册的图书室，每周六对孩子们开放借书。我的朋友托马斯·N.米勒提醒我，安德森上校的图书室是面向童工开放的，但是不知道是否面向信使、店员或是其他不在工厂的童工开放。于是，我给《匹兹堡快报》写了一封信，这是我第一次接触媒体。我在信中强烈要求图书室应面向所有童工开放[1]。亲爱的詹姆士·安德森上校很快采纳了我的意见。所以作为一个投

---

　　[1]关于"童工"的解释，这位图书管理员的意思是"一个在工厂干活的孩子"。卡内基进行反驳，认为应该是"一切童工，而不仅是在工厂干活的"。一两天后，这封信被刊登在社论上，标题是："一个不在工厂的童工请求获得借阅的权利。"（大卫·霍默·贝茨，《世纪杂志》，1908年7月）

稿人，我的初次发表是成功的。

　　好友汤姆·米勒的家离安德森上校家很近，他把我介绍给上校认识。之后的生活，仿佛在地牢里开了一扇窗户，可以尽情享受知识的阳光。我抓住一切空闲时间读书，感觉不到劳累，也不再感到虚度光阴。只要想到周六又可以看到新的书籍，就觉得未来一片光明。就这样，我熟悉了麦考利的散文和历史著作，最喜欢的是班克罗夫特的《美国史》。我也很喜欢拉姆的散文，但那时却并不了解莎士比亚，只读过几篇中学教科书里的文章。我对他的欣赏还是从那座古老的匹兹堡剧院开始的。

　　约翰·菲普斯、詹姆斯·R.威尔逊、托马斯·米勒、威廉·考利（我们这帮哥们）和我一同享用着安德森上校的图书室。它成为我们生活中不可或缺的一部分。上校先生的这一善行，对我们起了很大作用，我们学会了懂礼，也逐渐改掉了陋习。功成名就后，我做的第一件事就是给这位恩人立纪念碑。现在，它就耸立在钻石广场（我捐赠给阿尔勒格尼的）的礼堂和图书馆前，上面刻着：

　　献给詹姆士·安德森上校，西宾夕法尼亚免费图书馆的创始人。他每周六下午面向全部童工开放书室，并亲自担任图书管理员。他为这崇高的事业所奉献的不仅是书，还有他自己。立碑人安德鲁·卡内基，是童工之一。当年，让年轻人拥有知识和想象力的珍贵宝库就是这样敞开的。

相比他为我们的付出，这块纪念碑实在算不了什么，只能略表对他的感激之情。根据我的经历，没有什么比用金钱来建造一个公共的图书馆更有价值的事业了。并且使之作为一项市政府的机构来支持，使孩子们从中获得最大的利益。我深信，我所捐助的图书馆将来一定会证实我今天说的话。只要有一个孩子能享用到这些图书馆，并得到当初我从安德森上校图书室那里一半的受益，它们就没有白建。

"小苗不正，大树不直。"恰在此时，通向世界的宝库向我敞开了。读书最根本的好处就是让你知道没有不劳而获的事情。青年人必须亲自去获取知识，谁也不例外。多年后，我骄傲地发现，在丹佛姆林，曾经有5个织布工创办过第一个流动图书馆，其中就包括了我的父亲。

那个图书馆的历史很有趣，创办后，不下7次更改地点。最先是从织布房搬到休息室，是他们5个人用围裙和煤斗运过去的。父亲是镇上第一个图书馆的创办人之一，而我则有幸成为迄今为止最近一个图书馆的创办人，这成为我生命中最有意义的一件事。公开发言时，我常说自己是创办过图书馆的织布工的后代。我继承了父亲开办图书馆的传统（也许是天意），这让我感到很自豪。父亲是我永远的学习榜样——他可爱、完美、善良。

我曾说过是剧院激发了我对莎士比亚的喜爱。做信差时，匹兹堡的老剧院正处于鼎盛时期，福斯特先生时任剧院经理。他的电报是免费的，因此电报员就有机会免费观看戏剧。这样的特权甚至也会轮到信差，我有时下午给他送信，就在剧院的门口等到晚上，这段时间如果提出到二层看戏，一般都会得到允许。信差们轮流送信，这样大家都能沾光。

长此以往，我逐渐了解了绿色银幕后的世界。剧院通常只放一些壮观的场景，没有多少文学色彩，但这足以吸引到一个15岁的年轻人。在剧院里，我不仅见到了宏伟壮观的场景，也见到了一幕幕美好的情景。我之前从没进过剧院或者歌舞厅，也没有看过任何公众娱乐表演，伙伴们也是。现在，我们都成了戏迷，不放过任何一个去剧院的机会。

我之所以喜欢上莎士比亚，是因为看了"狂风"——亚当斯的表演。他是当时最著名的悲剧演员之一，在匹兹堡上演了多部莎士比亚剧目。此后，我只欣赏莎士比亚的剧目。我能毫不费力地记住亚当斯的台词。我之前从没意识到语言会有这么大的魔力。韵律和音调似乎化为一股力量，在我身上生了根，一召唤就会出来。它是一种我欣赏的新的表达方式，因为"麦克白"这个角色才唤起了我对莎士比亚剧目的热爱。我之前从没读过这些剧本。

后来，我又通过"罗英格林"认识了瓦格纳。我一看到这部剧，就有耳目一新之感，但当时对瓦格纳却一点也不了解。他是一位真正的、独特的天才，他让我找到了又一架阶梯——如同莎士比亚一样，成为我的新朋友。

写到这，我想起这段时期发生的另一件事。一些来自阿尔勒格尼的人——不超过一百人，组织了一个斯韦登伯格社团，我的美国亲戚是这个社团里的活跃分子。我和父亲都加入了这个组织。母亲对斯韦登伯格社团没有兴趣。她对宗教表示尊敬，不赞成宗教争论，她有自己的看法。用孔子的这句格言表达再恰当不过："君子务本，本立而道生。"

母亲鼓励我们参与宗教活动。但不难看出，她眼中的斯韦登伯格条文以及新旧《圣经》条文，都是虚空的，不能作为生活行为的指南。我对斯韦登伯格的学说具有浓厚的兴趣，我解释"灵感"一词的能力还得到了虔诚的艾特肯姨妈的表扬。那位可爱的老太太还热切地盼望着有朝一日，我能成为新耶路撒冷的明灯。

后来，当我渐渐怀疑神学理论时，姨妈对我的期望也逐渐减弱了，可是对我的关爱却从没减少。我是她的大外甥，在苏格兰时她常常把我抱在膝盖上，逗我玩。她还把希望寄托在我的表弟利安得·莫里斯身上，然而莫里斯表弟居然参与了浸信会。这对福音传道者来说，实在是太大的打击，虽然她的父亲也有过同样的经历，还常宣扬浸信会。

斯韦登伯格社团的唱诗班，萌发了我的音乐热情。我们在宗教剧中精选出一些片段，作为赞美诗的插曲。我喜欢这些音乐，尽管我的音质不好，但因为富有"表情"，还是成了合唱团的固定成员。我有理由相信，指挥科森先生会因为我的热情而原谅我的不合拍。一段时间之后，我完全掌握了宗教剧。一个孩子竟然能喜欢汉德尔的音乐作品，这多么令人高兴啊！所以说我受到的音乐启蒙教育，就是从这里开始的。

不能忽视的是，我有一个很好的音乐起点——来自父亲的熏陶，从而喜欢上苏格兰本土那非凡的吟游歌曲和甜美的声音。我对苏格兰歌曲很熟悉，无论歌词或曲调。要想达到古典音乐的造诣，民歌是最重要的基本功。在我看来，父亲是最优秀的歌手。尽管继承了他对音乐的热爱，却没有遗传到他的好嗓子。我常想起孔子的惊叹："三月不知肉味，不图为乐之至于斯也。"

信使平时没有休息日，只在夏季有两周休假。这时，我常去俄亥俄州利物浦的姨父家，跟表兄弟们一起在河里划船。我也很喜欢溜冰，冬天家对面的河水结冰。冰层很厚时，正是溜冰的好时机，这样周六晚上回到家时，我就会问父母周日能否早点起床，在不耽误礼拜的情况下，先玩一会。父母在这件事情上表现得相当大度。母亲明确表示我可以想玩多久就玩多久。父亲也说，我只须在去教堂之前回来就行了。

我相信，在今天，这种事情大概是很平常的，但在苏格兰却不是这样。甚至在今天，有些人也并没有进步多少，他们依然认为安息日是休息的日子，应该去参观画廊和博物馆，而不是做一些不合情理的事情。父母打破了那个时代的传统局限，至少是苏格兰的传统。我们可以去散步或者读与宗教无关的书。

卡内基成功箴言

读书最根本的好处就是告诉你没有不劳而获的事情。青年人必须自己去获取知识，谁也不例外。

第五章
电报公司

信使的工作做了将近一年，楼下办公室的经理约翰·P.格拉斯上校开始与公众频繁接触，时常不在，便会让我帮忙照看一下。格拉斯先生颇受公众欢迎，具有政治抱负。他不在办公室的时间越来越长，次数也增多了，以致我对他的工作都很熟练。

对我来说，这份工作很辛苦。信使们不欢迎我，认为我没有做完自己的本职工作，指责我是一个吝啬鬼。是的，我很节约，但他们并不了解原因。我省下的每一分钱都要补贴家用。父母用钱仔细，我也不藏私房钱。我知道家里每周的收入是多少。我也很清楚生活开销有多大。我们尽量把省下的钱买点家具和衣服，每添加一件新东西都让我们感到非常大的愉悦。有哪个家庭会这样团结呢！

每凑足一个50美分的银圆，母亲就会把它藏到长筒袜里，直至攒齐200个，然后将它们寄还给当初好心借钱给我们的亨德森夫人。卡内基家终于还清了所有的债务。这是多么高兴的一天啊！是的，还钱容易，但对亨德森夫人的感激之情却永远也还不清。在我回丹佛姆林时，还去看望了她，她的家对我来说如同神殿一般。无论何时，我都会将她铭记于心。（这段是我以前写的，再次读到这里，我在心中祈祷："走好，和其他人一起走好！"希望这位亲爱的、善良的、尊贵的朋友安息。）

在做信使的日子里，有一件小事曾让我仿佛进入天堂。那是一个周六的晚上，格拉斯上校给我们发工钱。我们排队站在柜台前，我站在头一个。格拉斯先生拿出11美元15美分，我伸手去接。惊讶的是，他将我挡了回去，把钱交到后面的孩子手里。我想他一定是弄错了，因为每次都是先发给我的。其他男孩都按正常次序领到了钱。我的心沉了下去，感觉就要大祸临头。难道我做错什么了吗？也许我就要被解雇了。那我真是给家里丢脸了。我感到一阵剧痛。等到别的孩子都出去了，格拉斯先生把我带到柜台后，说我应该得到比其他孩子多的钱，他决定每月发给我13美元50美分。

我怀疑自己是不是听错了，脑袋嗡嗡响。他把钱点完给我。我甚至不记得是否向他道过谢，就带着钱蹦蹦跳跳着出门了，一路跑回家。我记得在阿尔勒格尼河桥上来回地跑啊、跳啊。到家后，我把11美元25美分交给财政部长——母亲，而对剩下的2美元25美分却只字未提。这笔钱在当时对我的价值，比后来赚到的百万还要大。

我和弟弟汤姆睡在阁楼上，夜深人静后，我把这个秘密告诉了他。他明白这意味着什么。我们一起勾画未来。第一次和他设想今后我们将怎样一起做生意，"卡内基兄弟"公司将会是一家大公司。父母会有他们的马车。当时，我们想到了一切代表财富的东西。有位苏格兰老太太，她的女儿嫁给了一位伦敦商人。女婿邀请她来伦敦同住，并许诺她会有自己的马车。老太太却回答说："虽然我坐在马车里，可亲戚朋友看不见，又有什么可风光的呢？"而我们的父母不仅能在匹兹堡炫耀，也可以去故乡丹佛姆林光宗耀祖。

第二天吃早餐时，我拿出这额外的2美元25美分。我从父亲自豪的眼神和母亲眼中的泪光看到，他们对孩子第一次成功和进步的感动。之后获得的荣誉，都没有让我产生过类似的震撼。我仿佛在云中漫步，激动得流下了幸福的泪水。

每天早上都要打扫操作室，因此在操作员到达之前，信使就有机会练习使用发报机。这是一个很棒的机会。我很快就学会了操作按键，和另一个接收站的孩子对话，因为他们也和我们有着同样的目的。

人们总会千方百计地找机会实践学到的新知识。一天早晨，我听到一个很强的信号在呼叫匹兹堡。我敢断定是有人急着和这边联系。我冒险地给出答复，让纸带走动起来。原来是费城想立即送一则讣告到匹兹堡。问我能否接收。我回答说慢一点的话，我可以试试。我成功接收到了，拿着它飞快地跑了出去。我焦急地等着布鲁克斯先生，告诉他我所做的事。幸运的是，他不但没有责备我的鲁莽，反而表扬了我，并嘱咐我今后要小心别出差错。之后，当操作员偶尔不在时，我就会被请去帮忙照看电报机。我就这样学会了收发电报。

我应该感谢那位懒惰的操作员，他很乐意让我帮忙。当时的工作是把信息记在纸带上，再读给抄写员记录。听说在西部有一个人会听声辨意，用耳朵就能接收电报。我也很想学这种方法。有一位同事马克伦先生也擅长此法，他的成功让我备受鼓舞。我很轻松地学会了，这让我感到吃惊。一天，操作员不在，我正接电报，可是老抄写员讨厌我的冒失，拒绝为一个信使抄写。于是，我拔掉了纸带，拿起铅笔和纸张，用耳朵接收信息。我忘不了他吃惊的样子。他让我把铅笔和便笺本还给他。此后，亲爱的老特内·休斯成了我忠实的朋友和抄写员。

不久以后，格林堡的一位操作员约瑟夫·泰勒想请两个星期的假。他向布鲁克斯先生询问能否派个人过去接替他。于是，布鲁克斯先生问我能不能做。我当即答应下来。

"好，"他说，"那就派你过去试试吧。"

我是搭乘邮政专车过去的，旅途很愉快。同行的还有祖籍苏格兰的律师大卫·布鲁斯先生和他的妹妹。这是我第一次出差，也是第一次好好观赏这个国家。我第一次在外用餐，是在格林堡的酒店用餐，食物很美味。

1852年，格林堡正在挖沟筑渠，为修建宾夕法尼亚铁路做准备。早晨走在路上可以看到工程的进展情况，没想到有一天我也会为这项浩大的工程效力。自从进入电报公司后，我第一次接受这样重要的任务，我总是专心地守在电报机旁，避免漏收。一个狂风暴雨的夜晚，我还待在办公室，不愿切断联系。因为离键盘太近，被闪电从椅子上打了下来，差点儿要了我的命。此后，闪电天气时我总是格外小心。我圆满完成了任务，上司很满意。在其他信使看来，我是带着光环回到匹兹堡的。我很快得到了提升。那时缺一个操作员，布鲁克斯先生发电报给詹姆斯·D.里德

（当时电报局的总裁，是苏格兰的又一骄傲，我后来的好友），推荐我做助理操作员。里德先生从路易斯维尔回电说，倘若布鲁克斯先生认为"安迪"能胜任的话，他很赞成提拔。我终于成了一名电报员，每月有25美元的高薪，这对我来说简直是发财了。我很感激他们的提拔。[1]那年我已满17岁，结束了学徒期。我现在是一个男子汉了，每个工作日能赚1美元。

电报公司的操作间是很好的学校。在这里，必须使用铅笔和纸张，需要写作和创造。我那点关于英国和欧洲的知识很快派上用场。知识总是通过各种方式发挥作用。当时要接收从莱思角发来的外国消息，这项任务是最有挑战性的。我很喜欢这项工作，不久便指派给了我。

那时，工作条件很不好，遇到暴风雨，很多内容就得凭猜测。我的猜测本领是公认一流的，因为我总是自己填补漏掉的字母，不愿打断发信人，补写一两个缺的字要花费很多时间。然而对于国外的消息，我这么做并没有多少风险。就算犯点小错误，也不会引起严重的后果。我开始了解国外的事情，尤其是英国的。只要知道开头的一两个字母，我就能猜得八九不离十。

匹兹堡的每家报社都会派记者到电报公司转载新闻快讯。后来他们联合指派一个人专门负责。于是，这个人建议说如果我能多复制5份给他，我每周就可以得到1美元的外快。这是我第一次为媒体服务，并且得到丰厚的报酬。于是我每月的薪水就高达30

---

[1] "这个男孩很招人喜欢，尽管还很小，不难看出，他精明能干。他跟了我还不到一个月，就恳求我教他发报。我同意了，发现他是一个有天赋的学生。"

（詹姆斯·D.里德，美国电报公司，纽约，1879）里德出生在丹佛姆林，40年后，卡内基先生帮助他成为美国驻丹佛姆林的领事。

美元了。家里一天天宽裕起来，似乎有一种即将变成百万富翁的迹象。

另一件对我有决定性影响的事情是，我们五个铁哥们加入了"韦伯斯特文学社"，甚至形成了一个有益的小团体。最近，汤姆·米勒还说我曾经就"司法官是否应由人民选举"这个话题讲了将近一个半小时。我想准是他的记忆出了错。"韦伯斯特"是当时匹兹堡最著名的文学协会，我们为能成为其中的一员而感到骄傲。

没有比加入这样的协会更能让年轻人受益的了。我的许多知识都在辩论中派上用场，它们使我思路清晰。我后来演讲时的沉着表现就完全得益于在韦伯斯特文学社时的经验。我在演说中秉持两个原则：在听众面前要放松，就和在家里一样，你是在和他们交流，而不是自说自话；不要试图模仿别人，做自己，你就是你。

我终于彻底抛开按键，靠听声音来接收信息了。这在当时很罕见，一些人专程来公司欣赏这项技能。我因此而出名，并在一场洪水毁坏了施托伊本威尔和惠灵之间的整个电报联络系统时，被派到了施托伊本威尔，负责接收东西部的全部信息，每1到2小时就要乘小船把这些消息送到惠灵，返程时再把东部的急件带回来。就这样在一周内保证了东西两地的电报联系通畅。

在施托伊本威尔时，我听说父亲要到惠灵和辛辛那提去卖自己织的台布。于是我在码头等他，直到深夜船才到。我去接他，看到父亲为了省钱而坐在甲板上，我既心酸又愤怒，他这样好人不该遭这种罪。但我还是安慰父亲说："哦，爸爸，用不了多久，你和妈妈就会有自己的马车了。"

父亲是一个腼腆、保守又敏感的人，不轻易表扬自己的儿子

（这是典型的苏格兰特征），以免使我过分骄傲。但被感动时，他也会失控，比如这次，他握紧我的手，看着我，眼神令我终生难忘。他低声慢慢地说道："安迪，我为你骄傲。"

他的声音颤抖，仿佛为刚才的话感到害羞。父亲道了晚安，便催我快回到办公室去，我注意到他的眼里已噙满泪水。多年来，这些话一直萦绕在我的耳边，温暖着我的心。父亲和我彼此相知。他是典型的苏格兰人，越是情到深处越是难以表达。在他的心灵深处有一块圣地，不允许任何人亵渎。父亲是一个博爱的人，关心朋友，热爱宗教。尽管没有加入任何教会或是神学团体，也不是了不起的大人物，但他的灵魂应该升入天堂。他沉默寡言，却诚实善良。唉！父亲回去后不久便去世了，就在我们刚有能力让他享享清福的时候离开了我们。

不久，我结识了一位大人物——托马斯·A.斯科特，他在其领域被誉为"天才"人物。他作为宾夕法尼亚铁路公司在这个地区的负责人，来到了匹兹堡。他和罗姆贝特先生（在阿尔图纳的总裁）经常需要电报联系。因此，他晚上常到电报公司来，而且碰巧总是我值班。他的助理和我很熟，有一天他跑来告诉我一个惊人的消息：斯科特先生问他，我是否愿意做他电报操作员，成为他的职员。

他当时回答说："不可能吧，因为他已经是一个操作员了。"

我得知后，立即说："不是那样的，我愿意为斯科特先生工作。我不希望总是待在办公室里。请你帮我转告斯科特先生。"

于是，1853年2月1日，我成了斯科特先生的职员兼电报操作员，月薪35美元。从25美元涨到35美元，这是我所知道的最高涨幅了。我们临时将公用电报线接进了斯科特先生的办公室。在不影响电报公司工作的情况下，宾夕法尼亚铁路公司可以使用这条线，直到铁路公司建成自己的电报系统。

卡内基成功箴言

一个人如果为了工作，必定受到局限，听命于人，即使他是一家大公司的总裁，也不可能做自己的主人，除非控制大部分股票。

第六章
铁路公司

走出电报公司的操作室，我进入了一个广阔的世界。刚开始并不十分顺利。我刚过18岁生日。任何孩子到了这个年龄，都不可能一直生活在天真无邪的世界里。在这之前，我不曾说过或听过一个脏字。我很幸运，之前一直不知道卑鄙下流是怎样的。

起初铁路公司的办公室被临时安设在调度车间的一个角落，货运列车长、扳道工和消防员的指挥部也在这里。他们同斯科特先生和我在一个屋里办公。的确，这和我从前所习惯的环境完全不同。我仿佛一下掉进了粗人堆，我不喜欢这里。我在这里第一次尝到了苦与甜的滋味。我在家里依然只感受到甜美和温馨，没有邪恶与粗俗。和伙伴们在一起时，我也感到轻松和舒服。他们都是正直的人，努力上进，希望有一天能成为受到尊重的人。我在那时很厌恶与本性及早年教育格格不入的事情。其实与低俗人的接触也是有益的，因为按照斯科塔斯的哲学观点，这会让我对抽烟、诅咒或是说粗话感到厌恶。所以我依然感谢这段经历。

这些人并非是生性卑鄙的坏人。他们说粗话、叼烟嘴和抽鼻涕的习惯在当时比现在还要平常。铁路，这个新行业，吸引了许多跑河道运输的粗人。但他们中也有不少备受尊敬的年轻人，并且身居要职。他们对我友善。我偶尔还会听到他们的消息，有些人还健在。后来，斯科特先生和我终于有了自己的办公室。

不久，斯科特先生派我去阿尔图纳取当月的工资表和支票。这可是一次不平常的旅程。那时的阿尔图纳商店都还没建好，只有铁路公司修建的几座办公楼，丝毫没有大城市的样子。我在那里第一次见到公司总裁——罗姆贝特先生。他当时的秘书是我的朋友罗伯特·皮特凯恩——是我把他举荐到这儿的，后来我们几个好朋友又能一起在铁路公司共事。

罗姆贝特先生与斯科特先生完全不同。他不善交际，严厉又固执。可是当他与我说完几句话之后，便邀请我说："你今晚必须来同我们一起喝茶。"我和罗伯特都很吃惊，小心翼翼地点了头。我到现在都把这个邀请作为莫大的殊荣。罗姆贝特夫人很热情，罗姆贝特先生向她介绍我时说："这就是斯科特先生的'安迪'。"我很自豪，被这样归属到斯科特先生麾下。

这次出差我犯了一个大错，差点毁了我的前途。回匹兹堡的路上，我把工资单和支票揣在怀里，我认为这样是最安全的，因为我的口袋很小，放不下东西。那时我很喜欢坐火车。一路上火车震动得很厉害，突然，我发现装工资单的包裹不见了！天啊，我把它弄丢了！

我深切地明白这个错误会毁了我，但隐瞒事实是没用的。我应该像"保卫尊严"一样保管好工资单和支票。我找到火车司机，告诉他包裹一定是刚才被震出去的，应该就在前面几英里处。我求他掉头去找，谢天谢地，他同意了。我一路仔细查找，终于在一条河流的岸边发现了它。我简直不敢相信，连忙跑下车去拾了起来。包裹完好无损。之后我自然是牢牢抓紧它，直到匹兹堡。火车司机和消防员是唯一知道这件事的人，他们向我保证不会告诉别人。

多年后，我才敢再次提起这件事。假如包裹被甩得再远一点，就会被河水冲走，那样的话无论我怎样努力工作也无法补偿这个疏忽，而我也不会再得到上司的信任。这让我意识到，不能对年轻人太苛刻，即使他犯的是一两个可怕的错误。我总是会设想如果当初没有找到包裹，我的前途又会有怎样呢？直到现在，我还记得找到包裹的位置，每当我经过那条线路，就仿佛看见它还躺在河边。好像在对我说："没关系，孩子！上帝会帮助你，但是下不为例！"

很早之前，我就坚决地反对奴隶制，尽管因为太小而没有参与选举的资格，但我非常拥护1856年2月22日匹兹堡共和党的第一次全国性集会。一些共和党领袖在街上游行，反对威尔逊、黑尔及其他支持奴隶制的议员。我还专为《纽约论坛周刊》组织过近百人的铁路工人俱乐部，并尝试写短信给大编辑贺瑞斯·格里利先生——为唤醒人们就这个重要问题行动起来，他付出了许多努力。

我的作品在这个自由而活跃的论坛上初次变成铅字，这成为我职业生涯的一个里程碑。那一期论坛我收藏了许多年。为了获得解放，必须付出发动内战这样高昂的代价，想到这里便不禁感到遗憾。然而要废除的不只是奴隶制度。松散的联邦制度和赋予各州过高的权力，难免阻碍或延迟了建立坚实有力的中央政府的进程。南部的观念有离心倾向。如今，最高法院控制了一切，案件由律师和政界要员共同决议，这很合理。统一对各领域都是有益的。结婚、离婚、破产、铁路监管、公司管理等等都该被统一管理。（再读此段，是1907年7月，看起来就像是有先见之明，而今这些都已成为时下的焦点问题。）

没过多久，铁路公司就拥有了独立的电报线路。我们需要更多操作员。大部分操作员都在匹兹堡的办公室里进行集中培训。电报业务以惊人的速度发展着。要跟上这种发展趋势，就需要增设新的电报部门。1859年3月11日，我派从前的伙伴大卫·麦卡戈出任电报部门主管。他和我打开了美国铁路行业雇用女孩当操作员的先河。我们把女孩们安插在各个部门当学徒，教她们如何工作，并将她们安排在适当职位。第一批女孩中就有我的表妹玛丽亚·霍根小姐。她是匹兹堡货运站的操作员。后来她也带了徒弟，她的办公室简直就是一座学校。事实证明，女操作员比男操作员更可靠。而且在女性从事的工作中，我找不出比当操作员更合适的岗位。

斯科特先生是一位极好的上司，大家都喜欢他。他是我年轻时的偶像和英雄。他对我的影响很大。我预感他将会成为宾夕法尼亚铁路的总经理，事实上他也真的做到了。在他的帮助下，我也逐渐开始接触一些本职之外的工作。有一次，我处理的一件小事，使我得到了提升，这让我至今印象深刻。

当时，我们的铁路还是单线的。尽管还没有用电报控制火车的惯例，但通过电报给火车发指令是一种必要手段。宾夕法尼亚的铁路系统，除了主管，谁都不能发行车指令。我想在当时发电报指令也是一件冒危险的事，因为铁路系统还处于起步阶段，大家还并不精通。一有事故，斯科特先生就必须到达现场指挥，所以早晨他经常不在办公室。

一天早上，我发现东区发生了严重事故，延误了西行的特快客运列车，向东行驶的客运列车在旗手的指挥下龟速前移，两个方向的货运列车都停在轨道上。斯科特先生不在，我终于忍不住发出了"行车指令"。我知道，如果出一丁点差错，我就会被解雇，甚至受到刑事处罚。可是我太同情货运列车上的人了，他们已经停了一整夜。我知道我可以把一切搞定。我常帮斯科特先生写指令。我知道该怎么做，于是我做了。我以斯科特先生的名义进行调度，在电报机前仔细地发出指令，把列车从一站调到另一站。等到斯科特先生回来时，一切都恢复正常了。他听说列车延误了，开口就问："嘿！怎么样了？"

他快速地走到我身边，抓起铅笔准备写指令。这时，我小声地说："斯科特先生，因为找不到您，所以我以您的名义发出了这些指令。"

"运行正常了吗？东区的特快列车到哪了？"

我给他看发出的指令，火车当前的位置，以及各列车长的答复，并向他报告了每列车经过的站点。一切都很顺利。他看着我。我不敢看他，不知道将会发生什么。他什么也没说，便回到了自己的位置。这件事就这么结束了。他不想认可我的行为，但也没批评我。如果一切正常，当然天下太平；如果出了问题，我就要承担责任。从那以后，他每天早晨都来得很准时。

我没向任何人提过这件事。我几乎下定决心，如果再发生类似事情——除非被授权——我绝不再那么做。我感到很沮丧。直到当时的匹兹堡货运部主管弗朗希斯科斯先生告诉我，事发当晚斯科特先生对他说："你知道那个白头发的苏格兰男孩都干了些什么吗？"

"不知道。"

"不经授权，他就以我的名义发出行车指令。如果他不这么做，我就会受到惩罚。"

"那他做对了吗？"弗朗西斯科思先生问。

"哦，当然，他做得非常好。"

这让我松了一口气。这表示我还可以这么做。而且此后斯科特先生就很少亲自给出行车指令了。

那时，我认识的最伟大的人就是宾夕法尼亚铁路公司的总裁——约翰·埃德加·汤姆森先生，我们后来的钢铁公司就是因他而命名。他既保守又沉默，这点仅次于格兰特将军。来匹兹堡视察时，他走在路上，仿佛目中无人。后来我才知道，他之所以沉默寡言完全是出于腼腆的关系。令我意外的是，一次，在斯科特先生的办公室，他走过来跟我打招呼，叫我"斯科特的安迪"。后来，我才知道他听说了发指令的事。年轻人如果能接触到更重要的任务，那么人生的目标就达成了一半。每个上进的孩子都应该去做一些本职之外的事情——那些能够引起上司重视的事情。

后来，斯科特先生要外出旅行一到两周，便向罗姆贝特先生推荐由我暂代他的工作。这是很冒险的建议，因为当时我只有20来岁。但是这请求得到了批准。这是一个难得的机会。这期间一切都很顺利，除了道岔列车的工作人员犯的一个不可饶恕的错误。我很恼火，马上依照铁路规定，查明了整个过程，立即解雇了主要责任人，另外两名相关人员也被停了职。斯科特先生回来后，有人告诉他这件事，并希望他重新调查处理。我可能做得太过，但事已至此，我只能告诉他一切都处理妥当，我已经调查清楚了整件事情，并处理了相关责任人。我坚决反对重新处理此事，斯科特先生从我的表情，而不是话中明白了我的意图，认同了我的做法。

或许他担心我太过严厉，也许他是对的。许多年后，当我成为部门的主管时，我对当初的做法深感愧疚。我感到良心不安。只有阅历才会让人明白，宽容比严惩更有力量。有时候，轻微的处罚反而能起到更好的效果。严惩不是必须的，至少对于初犯，明智地饶恕才是更好的。

我有六个好伙伴，随着岁月的流逝，我们不可避免地要经历生老病死、面对来世今生。父母辛勤养育了我们，他们都是善良诚实的宗教信徒。我们被麦克米伦夫人（她的丈夫是匹兹堡长老会的教区长）影响，加入了她丈夫的教会。（1912年7月16日，当我再次读到这里时，我想起曾收到麦克米伦夫人从伦敦寄来的信笺，那时她80岁，两个女儿刚完婚。女婿们都是大学教授，一个留在伦敦任教，另一个接受了波士顿大学的聘任，都是赫赫有名的人物，是民族的骄傲。）麦克米伦先生是一位严谨而传统的加尔文教徒，而他的妻子则有一股天生的亲和力，和她在一起我们能享受更多的快乐，这使得我的朋友们偶尔也会去她的教堂。

虽然偶尔有一些信仰上的摩擦，但令人高兴的是，麦克米伦夫人从没有因此而冷落我们。我们冒着可能被驱赶或更糟的风险，决定支持米勒的布道。尽管相比之下更信仰宗教，但我们还是成了神学的护卫童子。

约翰·菲普斯跌落马背，摔死了。这给了我们巨大的打击。当时我对自己说："约翰只是回家了，回到了他出生的地方。有一天我们也会随他而去，并永远生活在一起。"我毫不怀疑这些话。那是肯定的事情。痛苦中的人因为这样的慰藉而感到快乐。我们应相信柏拉图的理论，永远不要放弃希望，"让自己充满快乐，希望是可贵的，回报是丰厚的。"没错，能与最亲的人相伴此生是个奇迹，如果来生还能相伴那就更是一个奇迹。对于有限的生命来说，这两者都是我们无法理解的。所以才要用不变的信念来宽慰自己，正如柏拉图所说，"让自己快乐。"永远不要忘记我们的责任，天堂就在我们中间，每个人都应抱存希望。我们应该把家当作天堂，而不是把天堂当作家。

这期间，我们的积蓄稳步增加。我的月工资从35美元涨到了40美元，并且是斯科特先生主动给我加薪。每月发工资也是我的职责，我们用支票付薪。[1]我总是把薪水换成两个20美元的金币，仿佛是在收藏世上最美的艺术品。我们开会决定冒险购买一块土地，连同那上面的两幢小房子，其中的一幢我们一直自住；另一幢有四个房间，之前一直是霍根姨妈和姨父住着，后来他们又搬到别处去了。艾肯特姨妈曾帮了我们很大的忙，安排我们住

---

[1] "我记得当时每月核算工资报表，拿去给斯科特先生签名，总共是125美元。我想知道他是如何使用这笔钱的。我当时是35美元。"（安德鲁·卡内基在美国军用电报公司聚会上的讲话，1907年3月28日。）

在织布店的楼上，现在我们可以把房子还给她了。我们买下那幢房子后，就又要搬去阿尔图纳，后来霍根姨父去世了，我们就又把姨妈接回这里住。我们付了100美元的首付，总价是700美元。每半年交一次利息，相当于我们半年的积蓄。我们很快还清债务，成了有产阶级。但在那之前，我们家发生了重大的变故，那是1855年10月2日，父亲去世了。我们还肩负着许多重担，必须努力工作。父亲生病时，还欠下许多钱。所以那时我们还没有太多积蓄。

当时大卫·麦克坎莱思先生是我们小斯韦登伯格会的负责人。他欣赏我的父母，但与他们并不熟，除了周日在教堂时打招呼外，并没有更多接触。但是他和艾肯特姨妈关系很好，于是对她说，如果我们需要钱来渡过难关，他很乐意帮忙。他说知道母亲的一些善行，这些足以让他伸出援助之手。

当一个人不需要帮助，或者有能力回报他人的时候，往往有许多人提供帮助。可是雪中送炭才最让人感到温暖。作为一个苏格兰妇女，刚失去了丈夫，大儿子又刚工作，小儿子还未成年，生活得很艰难。这时伸出的援手，让我们得到许多温暖。尽管母亲谢绝了他的帮助，麦克坎莱思先生却在我们心中得到了一个神圣的位置。我相信，一个人如果需要帮助，上天一定会赐予他。这世上，还是好人多——人们愿意也渴望向需要帮助的人伸出援手，而且他们通常并不计较回报。

父亲的去世后，我比从前更加感到应该挑起重担。母亲继续做鞋，汤姆也还在读书。而我仍然在铁路公司上班。就在这时，幸运之神光顾了我家。

斯科特先生问我是否有500美元。如果有，他愿意帮我做一笔投资。当时我连50美元都拿不出来。但是我不想失去与上司建立经济关系的机会。于是我冒险说能凑到这笔钱。他告诉我，他能买到10股亚当斯快车的股票，股票原属于威尔金斯堡的车站代理雷诺兹先生。当然，我回家后必须与母亲商量，无需多言，她就知道该怎么做了。没有母亲办不成的事。她决定以房子做抵押贷款。

次日清晨，母亲便坐汽艇去东利物浦，晚上才到，通过舅舅借到了钱。舅舅是一位治安法官，在当地颇有名望。他手头上有一些农民投资的钱。母亲带回500美元。我把它交给斯科特先生，很快就得到了渴望的10股。然而没想到的是，竟然还需要额外的100美元做押金，幸好斯科特先生慷慨地说我可以在方便的时候再给他。于是就这样顺利地完成交易。

这是我的第一次投资。那时每月的红利比现在要多得多。一天早上，一个白色的信封放在我桌上，上面写着"安德鲁·卡内基先生"。"先生"这个称呼，让还是个孩子的我受宠若惊。在信封的一角，我看见盖着亚当斯快车公司的圆形邮戳。我拆开信封，里面是一张纽约黄金交易所银行的10美元支票。我永远记得那张支票，还有那个签名——"出纳员J.C.巴布科克"。这是我收到的第一笔利息，也是我第一次没有付出劳动而得到的收入。"有了！"我叫道，"我找到摇钱树了。"

依照惯例，周日下午我们几个伙伴聚在小树林里。当我拿出了这张支票，他们立即惊叹起来。他们从来没有想过投资这码事。于是我们决定攒钱，并等待下一次的投资时机，然后共享这些股份，多年后再把它分掉，就像做生意的合伙人一样。

弗朗西斯科思夫人（她的丈夫是我们公司火车代理商）常提起我第一次摁她家门铃的情景，当时我替斯科特先生送一个口信。她请我进去，我害羞地拒绝了，为了掩饰羞涩，我骗了她。这么多年来。我始终没去她家吃过一顿饭。我总是很不习惯去别人家里，直到今天都是这样。斯科特先生偶尔会坚持要我去他家，与他一起吃饭。

宾夕法尼亚铁路公司的首席律师——斯托克斯先生，邀请我去他位于乡下的美丽的家，一起度周末。这是我第一次在别人家过夜。斯托克斯先生的举动让我很奇怪。因为像他这样一位有身份且学识渊博的人是不可能对我有兴趣的。后来我才得知，是因为我曾在《匹兹堡日报》上发表过文章。做编辑曾是我的理想之一。贺瑞斯·格林莱和《论坛报》就是我的目标。奇怪的是，当我有能力买下《论坛报》时，它却仿佛是珍珠失去了光泽。是的，一旦得到了空中楼阁，它也就失去了魅力。

我发表的那篇文章的主题，是关于市民对宾夕法尼亚铁路公司的看法。我没有署名，让我惊讶的是它居然刊登在了报纸的醒目位置。当时我正在电报机前，忽然收到了一份给斯科特先生的电报，请求帮忙查找这篇文章的作者是谁，电报是斯托克斯先生发过来的。我担心斯科特先生会让编辑把手稿传过来，这样他一眼就能辨认出我。因此，我决定主动跟斯科特先生坦白。他看起来不太相信，说他早上看到这篇文章后，也想知道是谁写的。随后，斯托克斯先生就邀我共度周末，这次邀请很愉快。从此，我们成了很好的朋友。

斯托克斯先生的房子金碧辉煌。尤其是他图书室里的一个大理石壁炉，使其他的一切都黯然失色。在大理石的中间刻有一本摊开的书，上面写着：

不能思考是愚蠢，

不愿思考是固执，

不敢思考是奴性。

我暗想："总有一天我也会有自己的图书室。"如今在基斯伯，我早就有了自己的图书室。

多年以后，我又在斯托克斯先生家度了一次周末，其中有件事很值得一提。当时我已是宾夕法尼亚铁路公司在匹兹堡的主管了。南方宣布分裂，我对此激情澎湃。斯托克斯先生是民主党人，极力反对北部采取武力统一国家。他表现出的不满情绪，令我有些失控，我大声说道："斯托克斯先生，我们将会在六周的时间里，把像您这样的人绞死。"

他大笑起来，把他妻子从隔壁房间里叫来："南希，南希，看这年轻的苏格兰人多坏呀。他说要在六周内，把像我这样的人绞死。"

那段时间发生了很多怪事。不久，我成了战地指挥部的秘书，负责政府的军事铁路和军用电报。他得到任命，成了斯托克斯少校。这位曾经反对北方采取武力统一的人，如今也拿起了武器。人们开始争论宪法权力。人们热爱祖国和国旗！宪法要保证只有一面旗帜，正如英格索尔上校所说："美洲大陆不允许有两面旗帜。"

卡内基成功箴言

我相信，要想取得真正的成功，就要把自己的行业做精做通。我不赞同把资金到处投放，我从没看到哪个到处撒网的人能够赚到大钱，生产行业更是如此。

第七章
匹兹堡铁路主管

　　1856年，斯科特先生被提拔为宾夕法尼亚铁路公司的总经理。他带着我一起去阿尔图纳任职。那年我23岁。离开匹兹堡对我而言是一个残酷的考验，但什么也不能阻止我对事业的追求。母亲很高兴，她和我一样具有努力上进的精神。而且"跟随领导"也是应该的，更何况斯科特先生还是一位待人真诚的朋友。

　　他的升职遭到了一些人的嫉妒。上任之初，他就面临了一次罢工。在这之前不久，他的妻子也去世了，所以这时的他显得格外孤独。初到阿尔图纳，一切都很陌生，唯有我与他为伴。起初我们住在铁路公司的招待所，后来他把孩子们从匹兹堡接来，在这里安了家。他希望我能陪他一起住在大卧室。他很脆弱，似乎一步也不想让我离开。

　　罢工闹得越来越凶。一天晚上，我被人叫醒，说货运部的工人把列车扔在了米夫林，致使整条线路都瘫痪了。斯科特先生正在酣睡，他太累了，我实在不忍打扰他。但他还是醒了，我建议单独去解决这件事。他在半睡半醒中喃喃地表示同意。我到了办公室，以他的名义和这些人谈判，许诺明天给他们满意的答复。我成功地说服他们回到了工作岗位。

参加罢工的不光有列车员，店员也在迅速地组织参与进来。我通过一个奇特的方式得知了这一消息——一天晚上，在回家路上，当我走到暗处时，感觉有人在跟踪我。

不久，他走到我跟前说："不能让人看见我跟你在一起。你曾经对我有恩，我一直在找机会报答你。我曾经到你们在匹兹堡的办公室，问是否需要铁匠。你说匹兹堡不要，但也许阿尔图纳会要，并让我稍等一会，不怕麻烦地帮我问了，还把我推荐过去，帮我搞到一张去阿尔图纳的车票。我得到了一份理想的工作，把妻子和家人都接了过来，生活得很好。这都多亏了你。现在我要告诉你一些对你有利的事。"

他继续说，店员们正在秘密进行签名活动，决定下周一罢工。第二天一早我就把这一消息告诉了斯科特先生。他立即发出通知，张贴在各家商店，宣布所有参与签名罢工的人都将被解雇，并要求到办公室结算工资。同时我们也得到了一份签名者的名单。店员们惊惶失措，罢工就此夭折。

诸如铁匠所说之事，我还做过很多。对别人的一点关心、一句宽慰的话，常常能得到意想不到的回报。好心有好报。我经常遇到陌生的人，跟我说曾得到过我的帮助，在我看来都是不值一提的小事。尤其是内战期间，我在华盛顿负责政府的铁路和电报。我让一些人上火车——到前线去找一个受伤的或是生病的儿子，或者把他的尸体运回家，之类的事情数不胜数。我感激这些小事，它们是我一生中最幸福快乐的事。关于这些事，有一句话这样说：善行无私，好事做越多，越会感到甜美。给穷人一点小恩惠，比帮助一个能回报你的百万富翁更有价值。"好人一生中的闪光点就是他细微的、不留名的、不图回报的德行和爱心。"这是多么富有哲理的话呀！

我与斯科特先生在阿尔图纳度过了两年，其间发生了一起针对本公司的诉讼案，此案由斯托克斯少校在格林堡审理。我是主要证人，因为不想我出庭作证，斯托克斯少校希望推迟本案，并请斯科特先生让我尽快离开本州。我喜欢这个安排，因为能见到两个铁哥们米勒和威尔逊，当时他们正在俄亥俄州的克莱斯特莱思铁路部门工作。途中，我坐在尾部车厢的最后一排。突然一位农民模样的人向我走来，手里拿着一个绿色的小袋子，说从司闸员那里得知我在宾夕法尼亚铁路公司总部工作。他想让我看他发明的车厢模型，专用于夜间行驶。他从袋子里把模型拿出来，好像是卧铺车厢的一部分。

他就是著名的T.T.伍德拉夫，发明了现代文明中不可缺少的交通工具——卧铺车厢。我当即感到此事的重要性，许诺一回去就把此事告诉斯科特先生，同时问他是否愿意来阿尔图纳。我时刻想着卧铺车厢的事情，所以急于回到阿尔图纳，向斯科特先生推荐。斯科特先生赞同我抓住的这次机遇，并让我发电报邀请这位发明者。他来了，并与铁路公司签了合同，我们迅速制造了两列车厢。令我惊讶的是，伍德拉夫先生问我是否愿意入股这个项目，并给我8％的红利。

我接受了建议，坚信一定会有收益。两列车厢分期交货，按月付款。第一次付款时，我的份额是217.5美元。我大胆地向当地银行老板劳埃德先生贷这笔款，向他说明了事情的始末，他把粗壮的胳臂搭在我肩上，说："我当然会贷给你，你是对的，安迪。"

于是我有了第一张借据，来自一位银行家。这也算是我人生的一个重要时刻了！卧铺车厢运行很好，每月的收入足够分期付款。我挣的第一笔大钱就来自于这次投资。（今天是1909年7月19日，最近从劳埃德先生的女儿那得知，他还一直关心着我，这太令我感动了。）

后来母亲和弟弟也来到阿尔图纳，我们有必要雇个用人了。母亲坚决不同意，她不能接受一个陌生人参与家庭生活。她可以为两个孩子做任何事。这就是她的生活。她不愿意让一个陌生人来插手。她能为孩子们做饭、洗衣、缝补，也能铺床叠被，打扫房间。谁也不能夺走她做母亲的权利。然而雇仆人这件事势在必行。开始只找了一个，后来又找了好几个，他们的到来打乱了家庭原本的幸福。母亲爱的付出被仆人代替了。陌生的厨子为我们准备精美的膳食，然而他们只是为了钱，根本做不出母亲那充满爱意的味道。

感谢上苍，我在幼年时没有保姆和家庭教师的照顾。穷人家的孩子总是对家庭充满了温情、依恋，并且孝顺父母；而富家子弟却相当不幸，缺少温馨的家庭氛围，更不会孝顺父母。童年和青年时代对孩子的影响是深远的，来自父母亲爱的呵护是很重要的。对一个孩子来说，父亲是老师、伙伴和顾问，母亲是保姆、裁缝、家庭教师、老师、同伴、英雄和圣人，孩子会继承他们的一切；而富家子弟却得不到这些。

母亲还没有意识到她的儿子已经长大。我抱住她，告诉她现在该是享福的时候了。我已是一个男子汉，可以独立处理问题，不会再像个孩子那样，生活方式应该变化，家里的布置要适合招待朋友。尤其是母亲不用过着从前劳累的生活，现在她有条件可以读书、旅游、招待好友——总之，她可以适当提升地位，成为一位贵夫人。

这当然会让母亲很难接受，但她最终还是承认了请用人的必要性。这是她第一次意识到长子已经长大。"亲爱的妈妈，"我搂着她再三恳求，"您已经为我和汤姆付出了一切，现在让我为您做点事情吧，让我们成为伙伴，替对方着想。要不了多久，您就能成为一位贵妇人，坐上自己的马车。让别人来帮您做家务吧。我和汤姆都希望这样。"

我们成功说服了母亲。她同我们一起拜访邻居。虽然没有学过上层社会的礼仪，但她天生谈吐高雅、举止得体，在教育、学识、判断力和待人接物方面很少输给别人。

在阿尔图纳的日子里，斯科特先生的外甥女——丽贝卡·斯图尔特小姐给我带来了许多快乐。她帮助斯科特先生照料房子。在我面前，她总是扮演着大姐姐的角色，尤其是斯科特先生出差的时候。我们常在一起，下午驾着马车穿过树林。这样亲密的关系保持了许多年。

1906年再次读到她的信，我感到亏欠了她太多。其实她并不比我年长几岁，却总像大姐一样。当然，她成熟稳重，确实有资格做大姐。她真是一位完美的淑女。遗憾的是，后来我们的生活方式差距太大。她的女儿嫁给苏塞克斯伯爵，她们家后来也搬到了国外。

在阿尔图纳干了三年后，斯科特先生又要升职了。1859年，他被提拔为公司副总裁，办公室在费城。我面临一个严重的问题：他会把我带去吗，还是让我继续留在这里为新上司服务？我不知如何是好。与斯科特先生分开已经够难受的了，还要面对新上司，实在很难接受。对我而言，不论是工作还是生活，我都听从他。没有他，我就根本不会想到有升职的机会。

在费城与总裁会面回来，他告诉我一切已成定局，他就要搬到费城了。运营部经理伊诺克·刘易斯先生将接替他的位置。我带着极大兴趣，听他打算怎样安排我。他终于说："现在说说你。你认为你可以胜任匹兹堡部门吗？"

这时的我，认为自己能做好任何事。如果没遇到斯科特先生，也许就不会尝试做许多事情。当年我只有24岁，约翰·拉塞尔勋爵是我的偶像，他曾说过一定会驾着快艇穿越海峡。于是，我像英雄华莱士和布鲁斯一样，告诉斯科特先生我能胜任。

"很好，"他说，"坡兹先生（当时匹兹堡的主管）即将调到费城的运输部，我已经推荐你去接替他的位置。他同意给你机会试试。你想要多少月薪？"

"月薪？"我仿佛被伤害了一样，"我怎么会在乎月薪？我根本不在乎这个。让我回匹兹堡接替您从前的位置，这已经是莫大的荣耀了。至于月薪我真的没有更多要求了。"

当时我的月薪是65美元。

"你知道，"他说，"我原来的年薪是1500美元。坡兹先生拿1800美元。我想先给你1500美元，如果干得好，再加到1800美元。你觉得怎么样？"

"哦，请……"我说，"别跟我提钱的事！"

这不仅仅是找工作、谈工钱，此时此刻我的升职还属机密。我将要独立负责一个部门。以后在匹兹堡向阿尔图纳总部的公文上可以签署自己的名字。这才是我真正的荣耀。

任命我为匹兹堡部门主管的公文下发于1859年12月1日。我们立刻着手搬家。这样的变化是令人欣喜的。尽管我们在阿尔图纳已经住习惯了，甚至为了尽情享受乡村生活，还在郊区一处风景宜人的地方买下了一大块地和一所大房子。但这一切远不如回到老朋友的身边，回到那又脏又乱、烟雾缭绕的匹兹堡。弟弟汤姆在阿尔图纳学会了发报，于是也同我一起回去，并做了我的秘书。

我上任的这个冬天冷得出奇。线路状况很糟，列车效率低，跟不上需求，常出现拥堵情况。铁轨固定在石头上，再靠铁链固定。有一晚，竟连续发生了47起事故。那些日子里，我作为主管在铁路上连续奋战了8天8夜，处理了许多交通事故。也许我是一个最不体恤下属的上司，我总是精力充沛，有着强烈的责任感。因此我的下属也跟着过度劳累。我什么时候都能睡着，不论在多脏的地方，哪怕一次只能睡半个小时，抽空来那么几次也就足够了。

内战爆发后，对宾夕法尼亚铁路的需求量急剧增多。我不得不组建了一个夜班。但是上司不允许我把夜间职责交给一个列车调度员。我没有遵从上级命令，仍然任命了一位夜班列车调度员，他也许是美国——至少是宾夕法尼亚铁路系统上的第一位调度员。

1860年我们回到匹兹堡，在汉考克大街（也就是现在的第八大街）租了一幢别墅，住了一年多。对当时的匹兹堡做任何细致的描述，都会被认为是夸张的：四处弥漫着烟雾，把手放在楼梯的栏杆上，一会儿就会变黑；即使刚洗过的脸和手，没一会儿也会变脏。煤烟的尘粒粘在头发上，刺激着皮肤。从阿尔图纳回来后，我们多少有些不适应。不久，我们准备回乡下去。刚巧，公司货运代理人D.A.斯图尔特先生给我们推荐他家附近的一所宅院，在荷姆伍德。我们立刻搬到那里，电报线也接了过去，这样我就可以在家里指挥部门的事情。

我们开始了全新的生活。这儿放眼望去都是乡间小径，繁花似锦。每户都有5～20英亩的土地。荷姆伍德有美丽的树林和山谷、一条潺潺流动的溪水。我们家周围也有一大片土地和花园。母亲最幸福的时光就是在这里度过的，可以种花，养鸡。记得有一次，她责备我拔草，说："那也是绿色的生命呀。"我也继承了她的癖好，经常走到门口，准备摘一朵花别在扣孔，却不知该摘哪朵，因为我一朵也不想毁掉。

我们在这里结识了许多新朋友。很多当地的有钱人都住在这儿。这里几乎成了贵族区。而我作为年轻的主管，常常被邀请去他们的大房子里娱乐。我们经常举行音乐晚会。我听到了一些从没了解过的话题，我决定只要听到的都要立即学会。我很开心，因为每天都能学到新知识。

我在这里初次遇到范德沃特兄弟——本杰明和约翰。约翰是我的游伴，我们去过很多地方。邻居斯图尔特夫妇和我们的关系越来越亲近，成为很好的朋友。值得高兴的是，我和斯图尔特先生，还有约翰还成了合作伙伴，一起做生意。最大的收获是结识了西宾夕法尼亚尊敬的威尔金斯法官。他年近八旬，才华横溢，温文尔雅，学识渊博，记忆力惊人。他的妻子是美国副总统乔治·W.达拉斯的女儿，她气质高贵——是一位漂亮、迷人的老太太。和他们同住的还有女儿威尔金斯小姐、妹妹桑德斯夫人和孩子们。这座豪宅在当地就如同英格兰的男爵府，可以说它算得上是当地有文化、有教养、有上进心的人的中心。

我在这里很受欢迎，音乐会、手势猜谜，还有威尔金斯小姐的戏曲，都在促进我不断进取。法官先生是一代名流。有时为了把事情解释清楚，他就会引述很多名人的话，比如："杰克逊曾经对我说……"或者"我曾告诉惠林顿公爵……"等等。早年（1834年）他曾经跟从杰克逊总统出访俄罗斯，与沙皇也是这样轻松地交谈。这座官邸把我带入一片新天地。与这个家庭的交往激励着我思想和行为的进步。

我们之间唯一的分歧是关于政治方面。我主张废除奴隶制，在当时这会被看成是英国共和党的支持者。威尔金斯家都是坚决的民主党，偏向于南方，并与南方的名门贵族保持着亲密联系。有一次我走进官邸的客厅，他们正在激烈地讨论着一件最近发生的可怕事情。

"你怎么看？"威尔金斯夫人问我，"达拉斯（她的孙子）写信来说西点军校的指挥官强迫他坐在一个黑人身边！你听过这样的事情吗？这难道不是侮辱吗？黑人怎么可以进西点军校！"

"哦！"我说，"夫人，还有比那更糟的事呢。我知道有些黑人还被允许升入天堂！"

沉默了一会儿后，亲爱的威尔金斯夫人严肃地说："那是另一回事，卡内基先生。"

那时，我收到了一件最珍贵的礼物。威尔金斯夫人织了一条阿富汗的毛毯，常有人问她打算送给谁。这位尊贵的老太太一直不肯说，把这个秘密保守了好几个月。直到圣诞节即将来临，她才把礼物织完包好，并附上一张卡片，写上祝福的话。然后托女儿把这件礼物寄来给我。我当时在纽约。收到这样的礼物对我来说是多大的幸福啊！我常把它拿出来给好友们看，一次也没舍得用。它对我来说是神圣的，我要好好珍藏。

我很幸运，在匹兹堡期间遇见莱拉·阿狄森，她冰雪聪明。我很快就与她们家熟悉了，很感谢她们给我的帮助。与受过高等教育的人在一起，还能得到另一种友谊。莱拉曾在国外留学，她的法语、西班牙语、意大利语和英语说得一样流利。同她们的交往，让我感到了自己身上的巨大不足。但"我们的苏格兰气质"使我们紧紧相连。

阿狄森小姐是我一位极好的朋友。如果说我是一块玉，她就是雕琢玉的人。她是我最好的朋友，也是最挑剔的批评家。我因此开始注意自己的言谈，阅读英语经典作品，至今仍然在读。我留心怎样才能变得更好，言谈举止像个绅士，谦恭有礼——总之就是更好地表现自己。那时的我，穿着不细致，甚至有些做作。笨重的靴子，衣领敞开，几乎是当时西部独特的风格，这在我们圈子里是公认的雄伟形象。我们轻视象征纨绔子弟的事物。在铁路公司工作时，曾经有一位绅士，他戴了一副羔羊皮手套，成了我们的笑柄。当时我们渴望做一个"真正的男人"。搬到荷姆伍德之后，我在这方面的进步，这要归功于阿狄森一家。

卡内基成功箴言

如果一个人祝愿每一个人得到幸福，不给任何人制造麻烦，而是尽力帮助他们，那他自己也是幸福的。

第八章
内战期间

1861年，内战爆发。当时斯科特先生是陆军部长助理，负责运输部门。他把我召到华盛顿，做他的助手，专门负责政府铁路和军事电报，还要负责组织铁路工人。这在战争之初是最重要的部门之一。

第一批经过巴尔的摩的联邦军遭到袭击。巴尔的摩和安纳波利斯之间的铁路线被切断，破坏了军团与华盛顿的联系。这时，就需要我和我的兵团出场了。在费城，有一条支线通向安纳波利斯，与主线相交，从而与华盛顿取得联系。当务之急是抢修这条支线。几天后，巴特勒将军和几个军团到达这里，我们已经完成了任务，将他们顺利送到了华盛顿。

回去的路上，我小心谨慎，坐在车头。到了离华盛顿不远的地方，我发现一条电报线被木桩压住了。我让机车停下，跑上前去把电报线拉出来。我没有注意到电报线被拉到木桩一边，当我解开它时，电报线弹起来打到我的脸上。我的脸上被割了一个深深的口子，流了很多血。除了前段时间在巴尔的摩受伤的一两个士兵外，我也可以说是第一批"为国负伤"的保卫者。我很高兴能做些事情报答这片大陆。毫不夸张地讲，为保证与南方的联系，我夜以继日地工作着。不久，我把指挥部搬到弗吉尼亚的亚历山大[1]，驻扎在那里时，那场不幸的布尔溪战役还在进行着。我们在不久后得到证实，必须派所有的机车和车厢去接回溃败的军队。离前线最近的站点是伯克，我们要在那里接运受伤的士兵。我们接到报告说反叛军离我们很近，我们只好关闭了伯克站。操作员和我留在最后一列驶向亚历山大的火车上，危机四伏。第二天早上就发现有一些列车员失踪了，然而大部分工人还在，电报员则一个也没有逃走。

我们在华盛顿的总部，就设在陆军指挥部的大楼里，和斯科特上校一起办公。这期间，我常有机会见到林肯总统、苏厄德先生、卡梅伦部长以及其他重要官员，偶尔也会有些私下接触。这带给了我极大的快乐。林肯先生有时会到办公室等候回电或是紧急的消息。

这个伟人的所有画像都很逼真。他的特征显著，任何人都可以把他画得像。他相貌平平，但在兴奋或讲演的时候，眼睛里就会闪烁着智慧和自信的光芒。我从没有在别的大人物身上看到过这些。他的举止大方得体，待人和蔼可亲，即使是对待年轻人，也是无微不至；与任何人说话都态度谦恭，无论对方是苏

---

[1]"卡内基先生到华盛顿的第一项工作是建立一个通向亚历山大的渡口，扩建从华盛顿的车站到巴尔的摩和俄亥俄州的铁路线，以便火车可以在弗吉尼亚通行。因此需要修建一座跨波拖马可河的长桥。在卡内基和R.F.莫利的指导下，贯通华盛顿和亚历山大的铁路在短短七天就完工了。也要感谢卡内基手下的全体员工夜以继日地工作。"（贝茨的《林肯在电报公司》，第22页，纽约，1907年）

厄德国务卿，还是信使。他的魅力体现在他的言行和每一个细节中。他说话不多，却能赢得每个人的心。我常后悔当时没有仔细记下他那些古怪的名言，因为他总是用很独特的方式来表达平常的事情。我从没见过哪位伟人像林肯先生一样，与群众打成一片。海先生也常说："在林肯身边，你看不出哪一个是他的随从，因为他们看起来都像伙伴一样亲密。"他是一个完美的民主主义者，一言一行无不体现出人与人之间的平等。

1861年，梅森和斯莱德尔为英国船只特伦特号大伤脑筋，不确定扣押这艘船对英国来说意味着什么。扣押的话可能会引起一场战争，放过的话又会导致不少俘虏乘机逃跑。内阁就此问题召开会议，当时卡梅伦部长不在场，斯科特先生以战事助理秘书的身份应邀出席。我强烈建议他站在俘虏一边，美国有明文规定过往船只一律免检，如果扣押俘虏，英国绝对会宣战。斯科特先生倾向于捉住俘虏，他不了解当时的国际情况。会议结束后他告诉我，苏厄德的观点与我一样。起初林肯也倾向于逮捕俘虏，最终还是采纳了苏厄德的意见。然而，内阁将决策推迟到翌日，等待卡梅伦和其他未出席的人到场。苏厄德与斯科特先生一起去见卡梅伦，让他提前知道了整件事情，如此，第二天事情进展就很顺利了。

当时华盛顿的混乱是有目共睹的。总司令斯科特将军是一个年迈体衰的老人，不仅身体瘫痪，思想也瘫痪了。共和党的团体还依靠着这位有过巨大贡献的老将军。后勤部长泰勒将军，情况也跟斯科特将军差不多。为了开通电报线路，进行人员和货物的运输，我们必须与这些人打交道。他们看上去全都是循规蹈矩的样子，不再有当初雷厉风行的作风。许多决策都要花费大量时间。几乎在任何一个部门都找不到有活力的年轻人——至少在我看来没有。长时间的波澜不惊使服务体制变得僵化了。

海军部也遇到了同样的情况，但我没有亲自去体会。起初海军只是一支在编的部队，地位并不重要。那些领导除非自己干不动了，才可能去找新生力量。这就导致生产被耽误，尤其是高效武器的生产，国家当然很着急，但让我感到奇怪的是，命令居然都是由这样混乱的机构发出的。

我们操作员获得了一个很大的优势。卡梅伦部长授权斯科特先生（他现在已是上校），必要时，我们可不必等待战事部长的官方批示行动。战争初期，在卡梅伦部长的大力支持下，政府的铁路部门和电报部门发挥了重要作用。他富有才干，能抓住问题的关键，办事效率很高。但最后，迫于众人的压力，林肯不得已罢免了他。知道内情的人都清楚，如果其他部门能像卡梅伦部长的陆军部一样，也许很多灾难都可以避免。

洛其尔（卡梅伦喜欢别人这样叫他）是一个多愁善感的人。他90岁时来苏格兰看我们，在穿过山谷时，被庄严的美景所折服，恭敬地脱下了帽子，就这样一路光着头。他曾谈起关于政府官员选举的事，以及官方选举制度的弊端，参加选举的官员必须自己提名，还要拼命争取。关于这一点，洛其尔说起了林肯连任的事情：卡梅伦乡下的家位于宾夕法尼亚州的哈里斯堡附近，一天他收到一封电报，说林肯总统想见他。于是他赶到华盛顿。

林肯说："卡梅伦，支持我的人都在说，参加下一届选举是我的爱国义务，说我是唯一能救国的人。我愚蠢地相信了这些话。你说说看，我该怎么办？"

"哦，总统先生，28年前杰克逊总统也跟您一样，跟我说了同样的话。我告诉杰克逊总统，最好的办法是让其中一个州的立法机构强调，在动乱之时指挥官不应该撒手离开，只要一个州这样坚持，其他的州也一定会跟从的。于是杰克逊先生和我一同去了哈里斯堡，经过充分的准备，终于成功了。如我所料，其他各州都同意了，他也成功再次当选，就像你后来知道的那样。"

"很好，"林肯说，"你现在还准备这样做吗？"

"不，"我说，"我和您的关系太亲密了，总统先生，但是如果您愿意，我可以让一个朋友来做这件事。"

"好的，"林肯总统说，"我就把这件事交给你办了。"

"于是我让那个去查阅了杰克逊当初写的决心书。稍作修改，并补充了一些新内容，便发了出去。结果一如当年的成功。当晚，我再次回到华盛顿的总统会客厅。原本宽敞的东屋变得拥挤不堪，幸亏林肯魁梧高大，他在人群中发现了我，大声说道：'今天已经超过两个州了，卡梅伦，超过两个州。'他说的是又有两个州通过了那份决心书。"

除了在政治上的贡献之外，还有一个值得注意的地方，那就是相隔28年，两届总统请同一个人帮助出谋划策。情况也几乎完全一样。正如在一个纪念仪式上解释的那样："一切都是注定的。"

在华盛顿时，我没有见过格兰特将军，因为他一直都在西部。但他在往返华盛顿的路途中，都会在匹兹堡逗留，为调到东线做必要的安排。我两次在火车上遇到他，并带他到匹兹堡吃饭。他其貌不扬，如果要凭面相在人群中挑选杰出人物，他一定是最后被挑出来的。我记得陆军部长斯坦顿说过，他去西部视察时，格兰特将军和部将们走进来，他挨个打量这些人，然后看着格兰特，心想："虽然我不知道哪个是格兰特将军，但我可以肯定不是这一个。"可惜，恰恰是他。（今天读到这儿，我又笑了。这段对他的描述实在太贴切了。）

内战期间，最常谈起的话题是将军们的战略手法和人事安排。格兰特将军毫不避讳地与我谈论这些事情，这让我感到惊讶。他知道我曾在陆军部工作过，和斯坦顿部长很熟，而且对局势也有一定的了解。但当他跟我谈论这些时，我仍然很吃惊。

"啊，总统和斯坦顿先生希望我负责东部，我同意了。我现在要去西部作必要的安排。"

我说："我也是这样想的。"

"我准备让谢尔曼接替。"他说。

"国民一定会很吃惊的，"我说，"原本看来托马斯将军的希望会更大。"

"是的，我也这么想过，"他说，"但我知道托马斯会第一个认可谢尔曼是最佳人选的。这是毋庸置疑的。事实上西部已经很稳固了，我们下一步要做的是向东推进。"

格兰特将军把他的军事战略就这么说了出来。如果要问谁从来没有过矫揉造作，答案一定是他。就连林肯总统也不及他。格兰特性稳、喜静；林肯却充满活力与激情。我从没听格兰特用过一个长句或复杂句，但是这并不等于他沉默寡言。有时他也会侃侃而谈。他总是用短句，而且一语中的，观察事物非常敏锐。如果觉得没有必要，他绝不会开口。表扬下属时，他却总是乐此不疲，就像是一位慈父说起自己的儿子。

下面这则故事发生在内战时期的西部。格兰特将军喜欢上了酗酒，他的参谋长罗林斯向他大胆进言，格兰特认为这才是真朋友所为。

"你不是来说我喝酒的事吧？我根本没有察觉。真奇怪！"将军说。

"没错，我就是要说这件事。您的行为已经在军中造成了不好的影响。"

"你为什么不早点告诉我？我以后绝不再喝一滴酒了。"

从此他便滴酒不沾。很久之后，有一次在格兰特纽约的家中，我看见这位将军依旧把酒杯推到一边。坚定的意志使他坚持了下来。我很少见到这样的例子。有些人也许能克制一段时间，但未必能做到始终如一。我的一位合伙人戒酒三年，最终还是失败了。

格兰特在担任总统期间，被指控贪污受贿。然而朋友们都知道他两袖清风。他甚至不得不宣布取消惯例的国宴，因为每次要花费800美元——这靠他的工资根本无法支撑。他在第二届任期，年薪从2.5万美元涨到5万美元。他虽然不看重金钱，仍然尽力节省，但在第一届任期结束时，还是一无所有。然而我发现，欧洲还是在谣传格兰特从高官的任命中受贿。美国根本不理会这些谣言，但是对那些费尽心机地给别国制造舆论的人而言，这是有用的。

今天的英国仍然拒绝民主，主要是对美国政府的腐败印象，导致他们认为共和国也会滋生腐败。然而，我可以毫不犹豫地说，如果这个新民主共和国里有一个腐败分子，那么在那个历史悠久的君主国家里就有一打，只是形式不同罢了。君主国里是用头衔贿赂，而不是美元。两个国家的官员贿赂都是自然存在的。不同的是，君主国的头衔贿赂是公开的行为，不会被认为是受贿。

1861年，我被召到华盛顿。原以为战争不久就会结束，后来才知道这不是短时间内可以完成的事，要做好持久战的准备。宾夕法尼亚铁路公司离不开斯科特先生，但是根据政府要求，他还是决定让我先回匹兹堡，那儿太需要我了。于是我们在华盛顿设立总部，其他人员各回原处。

从华盛顿回来后，我就生了一场大病，彻底倒下了。勉强处理好事情后，就得赶紧休息。一天下午，我正在弗吉尼亚铁路线上巡查，突然感觉很难受，只能停下来躲到一个避阴处——我真感觉自己被烤焦了。（因此这么多年来，夏季高地的空气是我的救命丹药，医生强烈建议我避开美国炎热的夏天。）

总部批准我请长假休养，我因此得到机会重回苏格兰。1862年6月28日，母亲和我，还有铁哥们汤姆·米勒，坐"埃特纳号"轮船前往英国。当时我27岁。我们迫不及待地赶往丹佛姆林。我感慨万千，像是在梦中一般。每走近一步，内心的激动就会增加一分。母亲也和我一样，当她第一眼看见熟悉的黄色灌木时，她惊呼起来："哦！金雀花，是金雀花！"

她激动地流出眼泪，难以自控。我多想拜倒在这片神圣的土地上，亲吻它。

我们带着这样的心情回到了丹佛姆林。沿途的每一处风景我们都能立刻辨认出来。可是与想象中的相比，一切似乎都变得渺小了，我完全迷茫了。终于到了劳德姨父家，走进那个老房间，记忆瞬间复活。我大喊道："一切都保持原样，但现在看来这些就和玩具一样。"

那条海尔街，我曾以为它不比百老汇差；还有姨父的商店，镇边的土坡，如今都缩小了；这儿仿佛成了一个小人国。伸手似乎就能摸到我出生的那所房子的屋檐。大海也只有3英里的距离。我曾在海边的岩石周围捡海螺，如今却只剩下一片浅滩。还有学校——我唯一的母校，我曾在这操场玩耍嬉戏，如今也小得如此荒谬。那些曾经辉煌的建筑物——布鲁姆霍尔、福德尔，尤其是多尼布里斯尔的音乐学校，现在看来毫不起眼。后来我有一次去日本，感觉那儿的房子也很小，就和故乡一样。

这儿的一切都变小了。甚至摩迪街头的那口老井，我曾经战斗过的地方，也变得不认识了。但是大教堂和峡谷并没有让我失望。它们依然如此宏伟壮观。塔顶上刻的字——"罗伯特·布鲁斯国王"，让我真实地看到、感觉到了这片故土。大教堂的钟声也依然让我激动。它敲响的第一声，让我充满了感激。我终于找到了回家的感觉，宫殿、峡谷，还有其他的一切又恢复了从前高大的形象。亲戚们格外亲热，夏洛特姨妈高兴得欢呼："哦，你们总有一天会回来，并在海尔街开一间店的。"

在她看来，能在海尔街开店就是事业有成。她的女儿女婿——我的表姊妹和堂兄弟（他俩并不是表兄妹），已经达到了这样的标准。所以她预测她前途无量的外甥也能做到。开店已经是贵族的象征，在海尔街上做生意比在摩迪街身价要高得多。

小时候，姨妈常照看我，她总说一些有趣的事情。大人们要用两个勺子喂我，因为只要勺子从嘴里拿走，我就会大哭。琼斯船长——我们钢铁公司的主管，形容我"长着两排牙，两个胃，比别人吃的多"，所以我对新工作也一样有胃口，喜欢增加产量。由于我是家族诞生的第一个孩子，所以很多亲戚都抢着照看我。很多童年趣事也都是他们后来告诉我的。有一位姨妈还说我比较早熟。

一些至理名言陪伴我长大。有一条是父亲教的，被我活学活用。小时候，从海边回来要走3英里的路程，我总是让父亲背我。有一次走到一个陡峭的山坡时，他希望我能自己走。

于是，我对他说："哦，爸爸，不要泄气，男子汉就是要有耐心和毅力，不是吗！"

他肩上背着我这个重重的包袱，止不住笑了起来，他这是自讨苦吃，但是我敢肯定这减轻了他的重担。

劳德姨父是我的导师。在我8岁时，他就期望我成为一个浪漫、爱国、有理想的人。现在我27岁了，他在我心中的地位依然没有改变，无可替代。他亲切地叫我"奈格"，他从来没有叫过我别的名字。对我来说，他已不仅仅是我的姨父。[1]回来后，我还像在梦中似的，激动得无法入睡，重感冒，又引起发烧。我在姨父家躺了六个星期，病得很厉害。苏格兰当时的医学和法律一样残酷（现在都温和多了），我被放了血。我的血本来就少，以致康复后，还无法站起来。这趟旅行以这场病而告终，在回美国

---

[1]"这位姨夫热爱自由，因为它是勇敢的标志，在美国内战那段黑暗的日子里，在所处的圈子里，只有他支持林肯的事业。"（汉米尔顿·赖特，《世纪杂志》，第64卷，第958页。）

的途中，我得到了很好的恢复，并且能够继续工作。

回到公司时，工人们聚在一起，当列车经过时，鸣响礼炮，向我表示欢迎。这可能是我的下属们第一次有机会把我作为欢迎对象，我被深深地感动了。我很高兴在我关心他们的同时，他们也爱着我。工人们总是会回报你的好心。如果我们真的关心别人，就不必担心他们对我们的感情。因为好心总会有好报。

卡内基成功箴言

据我的经验，劳工问题并不是单纯的报酬问题。我认为防止出现争端的最好办法，是肯定他们的工作，关心他们的生活，欣赏他们的成功。重视培养与工人之间的友情，而且从经济角度看，给工人的工资越高，他们会越幸福，也会越尊敬老板，这其实是一项很好的投资。对工人让步，会让你得到更多的利润。

第九章
建造大桥

内战期间，铁的需求加大，价格涨到了每吨130美元，有时有钱都买不到。美国铁路很快面临钢轨短缺的危机。在这种形势下，我于1864年在匹兹堡组建了一个铁轨生产厂。在寻求合作与资金投入方面，我没有遇到困难，并建造了先进的加工厂和鼓风炉。

当时，美国对火车头的需求量也很大。于是在1866年，我和托马斯·N.米勒[1]在匹兹堡共同开办了一家机车制造厂。工厂蒸蒸日上，生产的机车在全国获得了极好的声誉。说起当时工厂创造的纪录，让人无法相信，1906年这家公司100美元的股票可以卖到3000美元，足足翻了30倍。每年都会按例支出巨额的红利，公司的经营相当成功。

我在阿尔图纳时，看见宾夕法尼亚铁路公司在修一座小铁桥。我当时就意识到木桥不久后会被淘汰。最近宾夕法尼亚铁路线上的一座非常重要的桥被烧，导致交通中断了8天。到了修

---

[1] 以前（可能是1861年），卡内基先生就与太阳城炼造公司的米勒先生合伙做过一小笔铸铁生意。

083

铁桥的时候了。我建议H.J.林维尔——那座小铁桥的设计者、约翰·L.帕珀及其助手希福勒——宾夕法尼亚桥梁的负责人，来匹兹堡与我合作，组建一家造桥的公司。以前从没有过这样的公司。我邀请老朋友斯科特先生和我们一起冒这个险，他答应了。我们各自承担1/5的资金，即1250美元。我的那份是从银行贷来的。现在看来这笔钱真的不值什么，但是"参天橡树总是从幼苗长起的"。

就这样，1862年帕珀—希福勒公司成立了，1863年并入了吉斯通桥梁公司——这个名字让我感到自豪，很适合宾夕法尼亚州的桥梁工程，因为宾夕法尼亚州也称作吉斯通州。铁桥逐渐被美国采用，这趋势正在风靡世界。我只要给匹兹堡的钢铁制造商写个字据，他们就会毫不犹豫地供给我们货源。我们用木头搭起了几个小车间，开始建造桥的主体结构。我们修建的桥质量过硬，经过多年繁重的交通，依然可以保证运输。

我们遇到一个挑战，要在施托伊本威尔的俄亥俄州河上驾一座桥。那是一座跨度足足有300英尺的海峡。现在看来真是不可思议，那时居然会质疑自己的能力。但在当时，不要说钢，就连熟铁在美国也很罕见。桥梁和桥墩都要用熟铁做。我极力说服合伙人试一试，终于签下了合同。当时铁路公司的总裁朱艾特先生来视察工作，当他看到那些铸铁时，对我说："我简直不敢相信这些铸件能够承受和它们一样重的材料，更别说火车从上面经过。"

然而直到今天，它依然完好无损。

原以为这个大工程，肯定会让我们大赚一笔，可是竣工之前发生的通货膨胀，使利润都缩水了。宾夕法尼亚铁路公司的总裁埃加德·汤姆森，是极其公道的人，得知情况后，决定额外出一笔钱弥补我们的损失。他说，事情后来的状况是双方都无法预料到的。埃加德·汤姆森是一个大好人，虽然我们有约在先，但他坚信法律的精神要比条文更重要。

林维尔、帕珀、希福勒，我们是当时的最佳搭档组合。林维尔是工程师，帕珀是积极主动的技师，希福勒沉着稳重，帕珀上校是一大怪才。宾夕法尼亚铁路公司总裁汤姆森曾说过，修桥的事，帕珀一个人就可以搞定。帕珀上校有一大嗜好——这对我们很有用——那就是马。一旦我们因某件事情激烈争论，帕珀快要发火时（当然这种情况并不多），只要提到马，就能缓解他的情绪。他热衷于马的话题，别的就不重要了。如果他过于劳累，我们就会劝他休假，把他送到肯塔基，让他帮我们挑选好马，我们很信任他。但对马的狂热有时也会带给他较严重的伤害。有一天，他半边脸全是泥，就来到了办公室。衣服撕裂了，帽子也不见了，可手里还拿着马鞭。他说刚骑了一匹肯塔基的快马，不料缰绳断了，他就失去了控制。

帕珀上校让我想起另一个人。我和他是在建桥的时候认识的。他就是圣·路易斯的伊兹船长，是个天才，只是缺少理论知识。他一旦锁定目标，就会不惜一切做到。他设计了一个圣·路易斯桥的方案，我将它转给美国最权威的专家——我们的林维尔先生。

他忧心忡忡地来找我，说："照这方案建桥肯定不行，因为完全承受不住重力。"

"好吧，"我说，"伊兹船长会来找你的，你可以委婉地帮他修改，让他少走弯路。不要把这件事告诉别人。"

事情办得很顺利。但在建设过程中，可怜的帕珀却没法满足船长的一些特殊要求。起初，他因为接到了一项大业务而高兴，所以对伊兹船长比较客气，甚至主动打招呼："伊兹上校（而不是船长），你好，见到你很高兴。"但后来，我们就发现他打招呼的方式就冷淡了许多。不过还是会说"早上好，伊兹船长"，直到最后我们惊讶地听见帕珀叫他"伊兹先生"。完工前，他甚至还叫过他"吉姆·伊兹"。伊兹上校无疑是个天才，但是如果没有别人的科学知识和实践经验的支持，他不可能在密西西比河上建造成第一座跨度500英尺宽的大桥。

完工后，我让上校跟我在圣·路易斯多待些时日，因为拿到全款前，不能把桥交给甲方。上校撤掉了两端的铺板，安排了人员轮班监守。这时他归心似箭般地想回匹兹堡。他决定搭晚班车走，这让我手足无措。突然我想到了一个妙招。我告诉他，我想给表妹选两匹马作为礼物，听说圣·路易斯的马很有名。我问他愿不愿意帮我参谋。

他果然上钩了，立刻投入到给我介绍马匹的热情中。我问他能否帮我挑选。我知道他须要经多次观察，反复试骑，才能决定，这就够他忙活一阵子。我成功了。他买了两匹很棒的马。我们建造了大桥，"帕珀"是真正的神话英雄贺雷修斯。他是了不起的人才，也是最好的合作伙伴。

我为吉斯通公司骄傲。因为美国的很多造桥公司都倒闭了。不少桥在使用中坍塌，造成了铁路交通灾难。但是吉斯通公司从来没有发生过这样的事。这并非是运气好。我们建的桥相当坚固，因为都是真材实料。我们自己加工铁，后来还亲自加工钢材。我们是最好的质检员，严把质量关。如果有公司要我们做潦草的工程，我们定会断然拒绝。我们为自己的桥而自豪，就像卡莱尔为父亲修建的那座桥一样。

这就是成功的秘诀。刚开始都会很艰难，只有得到认可，才会变得很顺利。每个生产企业都应该欢迎质检员。高标准才有好产品，每个人都应该力求完美。没有好的质量和诚实的经营，就不会取得成功。即便是在今天也是一样，经营的成败表面看起来是取决于价格，真正的因素却还是质量。上至公司总裁，下至操作员工，都应该关注质量。车间的清洁、工具的精良、院落和环境的井然有序，也比想象中重要得多。

我很高兴听到一位杰出的银行家这样评论我们的工程。他在匹兹堡参加银行家例会时，参观了埃德加·汤姆森的公司。他对我们的经理说："这一切好像是出自同一个人之手。"

他一针见血地指出了成功的关键所在。它们的确出于同一人之手。曾有一个大制造商向我吹嘘说："把第一位质检员赶走了，就再也不会有麻烦了。"他说的好像这是一件值得庆贺的事情。我当时就想："这家公司一旦出现危机，定会失败。"事实印证了我的话。生产的坚实基础就是质量。

多年来，我在吉斯通公司的事务上下了很多精力。有重要的合同，我也会亲自参与谈判。1868年，就有一个重要的合同，我和工程师沃尔特·凯特一起到爱荷华州的迪比克。竞标项目是当时一座最重要的铁路桥梁，横跨迪比克的密西西比河，是相当大的工程。当时河流结冰，我们坐着四匹马拉的雪橇过河。

这次投标证明了小事对成功有着多么重要的作用。我们的报价不是最低的，甲方已经决定与我们的竞争对手——芝加哥的桥梁公司签合同，但我执意要见甲方董事会。我发现他们对铸铁和熟铁的性能一无所知。我先做铺垫说明，我们所用的是质量上乘的熟铁，而芝加哥公司采用的是铸铁。这样一旦被船撞上，熟铁桥也许只会变弯，铸铁桥却可能断掉，甚至崩塌。其中一位董事——著名的佩里·史密斯肯定了我的话。他说一天晚上，他开车撞到一根铸铁做的灯柱，结果灯柱断成了好几截。

"先生们，"我说，"只要多花一点钱，你们就能拥有一座坚不可摧的大桥，它能抵抗任何船只的撞击。我们过去没有，将来也不会为了便宜而造桥。我们可以保证所建桥梁一定不会倒塌。"

沉默之后，甲方公司的总裁艾利森先生——他同时也是身兼参议员之职——问我能否让他们再商议一会。我退了出来。不一会儿，他们让我进去，说倘若我能在价格上再做出一点让步，就同意签合同。那只是几千美元，我答应了。那灯柱撞得可真是时候，帮我签了一笔利润丰厚的合约，更重要的是战胜了所有竞标者，获得修建迪比克大桥的资格。对我个人而言，结识了一位终生的朋友，即美国最杰出的重量级公众人物，艾利森议员。

这个故事包含的道理很明显。如果你想签成一笔合约，就一定要留在现场。只要投标人在旁边，那么一个撞碎的灯柱，或一件意想不到的小事，都可能帮助你得到合约。所以，只要可能就尽量待在现场，直到合约到手。这次在也是，尽管投标单位建议我们先回去，等手续办好后再寄给我们，但我们宁愿在那里等，顺便欣赏这儿迷人的风光。

建造了施托伊本威尔大桥之后，巴尔的摩和俄亥俄铁路公司觉得有必要在帕克思堡和惠灵各修建一条横跨俄亥俄州河的大桥，以防竞争对手——宾夕法尼亚铁路公司占据有利位置。摆渡的时代正被淘汰。签约过程中，我很荣幸结识了加勒特先生，他是巴尔的摩和俄亥俄铁路公司的总裁。

我们相当渴望获得这个合同。但加勒特先生毅然断定我们不能在规定时间完成任务。他希望用自己的公司建造引桥和一些小的桥段，问我能否允许他们使用我们的专利技术。我回答说，能得到巴尔的摩和俄亥俄公司的信任，比专利费的10倍还要值钱，我们很荣幸，并会毫无保留地出让。

毫无疑问，这席话给这位铁路界的杰出人物留下了很好的印象。他很开心，甚至把我带到私人房间，开诚布公地谈话。他提到曾与宾夕法尼亚公司的人发生争吵，其中一些人是我的好朋友。于是我说："在来这儿之前，我经过费城，拜访了斯科特先生。他问我要去哪里。我告诉他正要见您，希望能修建这两座桥。斯科特先生说虽然我很少失手，但这次肯定行不通。加勒特先生肯定不会把合同给我，因为谁都知道我从前是宾夕法尼亚公司的雇员，并依然与这里保持着良好关系。我说：'话虽不错，但我一定能拿下合同的。'"

加勒特先生立刻回答说，在公司利益面前他只会选取更好的。他的工程师已经向他报告过我们的方案是最好的。对手将会看到他的原则——公司利益至上。虽然他很清楚我的过去，但他仍有责任把项目交给我们做。

这次谈判还是没有达到目的。我们原想修建工程中最难的部分——在当时建造大桥段是很冒风险的。然而加勒特先生却计划借用我们的专利技术，让他的工厂来做高利润的小桥段。我大胆地问他是不是因为不相信我们能在规定的时间内交工，所以才把工程分成几段。他承认是。我说他对此不需要有任何担心。

"加勒特先生，"我说，"如果我押上保证金，你愿意相信吗？"

"当然。"他说。

"那好，"我说，"就让我来承担风险吧！我知道自己在做什么。如果你把整个工程交给我们，只要您的砖石结构按期完工，我保证会在指定时间内通车，您需要多少保证金？"

"很好，我想要10万美金，年轻人。"

"没问题，"我说，"准备合同吧。我不会失掉这10万美金的。你知道的。"

"是的，"他说，"我相信，为了这10万美金，你们公司一定会夜以继日地施工，我也就能按时得到我的桥了。"

这次谈判，我们拿到了这个大项目的合约。我当然没有失掉那笔保证金。我的合伙人比加特勒先生更加清楚他的项目。我们给出了高度重视，在他的砖石结构完工之前，我们就完成了上层结构，只等他们基础结构完成。

加勒特先生为自己的苏格兰血统感到自豪。我们成了忠实的朋友。后来他邀请我去他家。他的住宅豪华气派，这在美国并不多见。他拥有几百英亩风景优美的土地，停车场，一群好马，还有许多牛、羊和狗。仿佛是到了一个英格兰贵族家庭。

后来，他的铁路公司决定从事钢轨制造，并申请使用贝西默的专利权。这对我们来说是大事。他是我们的大客户，我们要设法阻止他们在坎伯兰郡建造钢铁公司，否则我们将会失掉他公司的全部业务。我敢肯定，如果他们需要的量不大，那么从我们这买会更加划算。我和加勒特先生谈这件事。当时他正为对外贸易和航线的顺利发展而得意，巴尔的摩也成了一个港口城市。他开车带着我和他的员工，到打算扩建的几个码头。轮船运来的货物在这里卸下，再转到火车上去。

他转向我说："卡内基先生，你现在应该了解到我们的业务量有多大，我们不能依靠私人公司供货，尤其是主要原料。我们应该有自己的生产链。"

"是的，"我说，"加勒特先生，这个目标很伟大，但是你们不会把我吓倒。我看过你们去年的报表，运送货物的总量合计1400万美元。而我们公司从山上挖材料，自己生产，再以高价卖出。和卡内基公司相比，您算不了什么。"

我在铁路公司的经验在这里派上了用场。从此，我再也没听到巴尔的摩和俄亥俄铁路公司打算与我们竞争的消息了。加勒特先生和我保持了一生的友谊。他曾送给我一只他亲自喂养的苏格兰牧羊犬。我们在过去产生的隔阂，因"拥有共同的苏格兰血统"而化解了。

卡内基成功箴言

基督说"天堂就在你心中"，对我来说这句话有了新的含义。不是过去，也不是将来，而是现在，天堂就在我们心中。我们全部责任就在这个世界，就在此时此刻，不要追求超脱现状、不切实际的幻想。

第十章
炼铁厂

吉斯通公司是我的最爱，因为它是母公司。由于熟铁比铸铁更有优势，所以吉斯通公司很快便结束了经营。为了制造出质量好，且在当时独一无二的钢铁，我们决定组建炼钢厂。我和弟弟，还有托马斯·N.米勒、亨利·菲普斯、安德鲁·克罗门都有兴趣建造一家小型的钢铁厂。米勒和克罗门是创始人，随后，又介绍菲普斯入股，1861年11月，他出资800美元买下了1/6的份额。

米勒是钢铁厂的先驱。我们都很感激汤姆（托马斯·N.米勒的昵称），他的甜美和慈爱一直伴随着我们，我们的友谊就像一杯酒，愈久愈醇。随着时间的流逝，他也变得更加温和。甚至连与其信仰对立的宗教理论，也不再像过去那般针锋相对了。我们都学会了更加包容，这是一件好事。（1912年再次读到这里，我不禁流泪，因为亲爱的汤姆·米勒已于去年冬天过世。我和妻子参加了葬礼，从此觉得生命中缺少了许多东西——早年的合作伙伴，也是老年最亲密的朋友。有一天我也会随他而去的。）

克罗门在阿尔勒格尼有一间小炼钢厂。我还是宾夕法尼亚铁路公司主管时，就发现他能做出最棒的车轴。他是一个杰出的技工，他有自信做好与机械相关的任何事情。他的德国思维使他追求极致。他做的车轴价格昂贵，却经久耐用。在过去，还没有精确的办法检测车轴的使用期是否符合规定，因为没有科学的分析方法和使用方法。

这个德国人有很多发明。他是发明冷锯法的第一人，由此可以精确切割冷铁。他发明了镦炼机，专门用来制备桥链，还有美国第一台"万能"机床。这一切都是在我们的工厂里做成的。有一次伊兹船长正在为找不到圣路易斯桥拱的联轴节发愁（合同方不能提供），工程一度陷入停滞状态。这时克罗门说他能做，还解释了为什么其他人做不出来。他果然成功了。这在当时是最大的半圆形联轴节。我们一直对克罗门充满信心。

我曾提及和菲普斯家的亲密关系。他们家的长兄约翰是我早年的好朋友。弟弟亨利后来成了我的下属，他是个聪明小伙，总能吸引我的注意。一天，他向哥哥约翰借25美分。约翰以为他有急用，问也不问就给了他。第二天早上，《匹兹堡快报》上刊登了这样一则广告："一个任劳任怨的男孩希望能够得到一份工作。"

亨利就这样把25美分花了，这可能是他第一次花掉25美分，让著名的迪尔沃斯和彼德威尔公司注意到了他。他们让这个"任劳任怨的男孩"过来面试。亨利得到了一个跑腿的差事，按当时惯例，每天头一件工作是打扫办公室。他征得了父母同意，就这样开始商海生涯。他努力上进，成了老板不可或缺的得力助手，并得到了本公司的一些小额分红。不久，他又受到了米勒的青睐。他也是我弟弟汤姆的同学和哥们。他俩一起玩耍长大，直到弟弟1886年离开了人世，他俩一直保持着亲密的合作关系。有许多共同的投资项目。

当年跑腿的男孩如今成了美国最富有的人之一，他懂得如何支配自己的财产。他在阿尔勒格尼和匹兹堡向公众捐赠了美丽的温室花园。他明确规定"这些花园在周日必须开放"，这引起了公众极大的兴奋。牧师们在教堂公开指责他，联合谴责他对安息日的亵渎。民众则反对牧师的狭隘，市议会也十分高兴地接受了这个捐赠。

面对牧师们的抗议，他摆出了一个很有说服力的常识："先生们，你们的生活是很舒适，每周只需要工作一天，你们可以自由支配另外六天的时间，能够享受自然界的美景。你们这样幸福，难道不觉得羞愧吗？怎么还忍心去破坏那些辛苦了一周，只有一天休息时间的人们的娱乐呢？"

匹兹堡的牧师们最近为教堂的乐器的问题争论不休。但在他们争论这些的时候，聪明的人们已在安息日开放了博物馆、温室花园和图书馆。除非牧师能明白生活中真正的需要所在（他们的职责在哪里），否则他们的教堂不久就会空无一人。

不久克罗门和菲普斯因生意上的事情与米勒产生分歧，米勒被排挤出去。我认为这对米勒不公平，所以与他合伙建立了新工厂，就是1864年的独眼巨人工厂。这家工厂发展很好，因此有必要联合老厂和新厂。于是1867年，联合钢铁公司成立了。我没想过米勒先生是否愿意与从前的合伙人合作。克罗门和菲普斯再无权排挤米勒先生，因为他们没有控制公司的权力。米勒先生、弟弟和我控制了整个股份。但米勒却相当固执，执意将他的股份卖给我。虽然我尽力劝他向前看，但在他的固执下，我也只好从命。正是爱尔兰人的血统让他这样顽固。米勒后来后悔拒绝了我的好心劝告。他是公司的先锋，本应得到属于他的丰厚回报——他和亲信本都可以成为百万富翁的。

那时我们对制造业完全没经验，新工厂占地7英亩，是很大的规模。前些年我们出租了一部分土地。克罗门制造的铁梁相当成功，多年来我们的水平总是遥遥领先。我们的工厂从建立之初就生产各种规格的产品，尤其是其他工厂没有的。随着国家发展，需求越来越多，新产品就显得格外珍贵。别的工厂做不了或不愿做的产品，我们都愿意尝试。这是我们的原则。我们在乎质量，甚至牺牲自己的一点利益，也要让客户满意。一旦发生纠纷，也总是先照顾对方的利益。这是我们的经营宗旨。从没有人对我们提起法律诉讼。

随着对钢铁制造业的渐渐熟悉，我惊讶地发现我们并不清楚生产过程中产生的成本。许多匹兹堡的大企业也都是这样。只有到年底结算的时候，企业主们才知道一年的收入情况。我听说有些人原本以为这年会亏本，结果却赚了，当然也有相反的情况。这让我感到像一些在黑暗中挖洞的鼹鼠，我实在无法忍受这种状况。我希望能够推广一种会计方法，让我们知道各项支出，尤其是个人收支，看看到底是谁在节约，谁在浪费，谁在这方面做得最好。

这样做比想象中要难。每个经理都拒绝这套新方法。要想有一套精确的体制，必须付出多年努力。最终，在职员的帮助下，经过各部门的实践协作，我们不仅清楚了各个部门在做什么，也知道在熔炉边的工人在做什么，以此比较。制造业成功的主要秘诀在于引进了精妙的会计系统和严格的执行力度。每个人都像爱护自己的家一样，对资金和材料具有责任感。

在英国的钢铁行业中，西门子高炉已经投入使用，但它的费用高昂。匹兹堡制造业内的保守企业家们对这种新高炉不屑一顾。但我们采用了这种高炉，它帮我们节省了一半的燃料。即使再贵两倍，也是物有所值。很多年后，别的工厂才引进这种新设备，我们的大部分利润都来自于高炉给我们节省的成本。

严密的会计方法使我们发现，在炼钢过程中存在着巨大的浪费。我们在职员中发现了一个人才——威廉·伯恩特莱格，他是克罗门先生从德国来的远亲。他给我们提交了一份反映试行新方法时期的详细情况报表，简直令我们不敢相信。他利用晚上的休息时间完成这项工作，我们之前并不知晓。报告的形式很新颖。我们当然很快就把他提升为车间主任，后来还成了合伙人之一。这个贫穷的德国人临死时已是百万富翁。他完全配得起这些财产。

1862年，宾夕法尼亚的油田引起了关注。我的朋友威廉·科尔曼（他的女儿后来成了我的弟妹）对此很有兴趣，于是我陪他去了一趟。这次旅程相当有趣。人群涌入各个油田，许多人甚至找不到一处容身之地。这带来许多不便，马儿多得足以撞开马厩。好在它们互相谦让，竟也相安无事。这些人为了寻找财富，一直省吃俭用。到处洋溢着喜庆的气氛，简直像一个大型餐会，幽默搞笑的事情随处可见。人人都兴高采烈，仿佛伸手就能捡到钱。起重机顶部飘扬着写有各种标语的旗。我曾在河边见到两个人，他们踩着钻井机的踏板，旗上印着"要么下地狱，要么赚大钱"。

美国人的适应能力在这里得到了充分的发挥。短暂的混乱后，便立刻建立起新的秩序。不久，刚搬来的居民便自发组织了一支铜管乐队演奏起来。我敢说，如果有一千个美国人搬到任何新地方，他们都会创办起学校、教堂、报纸、铜管乐队——和所有文明的设施和场所。他们会把自己的国家不断向前推进。而英国人，则会首先推举当中最高阶级的人作为领袖。美国人的原则只有一个——有用才有价值。

今天，在克里克油田周围形成了一座拥有几千人口的小镇，油田另一端的蒂图斯维尔也是这样。印第安的塞内卡人最开始用毯子从油田的表面采集原油，再装桶出售。现在这里已拥有许多小镇和精炼厂，具有上百万美元的资产。当时的采油方法很原始：把原油装入带有大面积漏洞的平底船。当水灌满船舱，油就会浮起溢出河面。许多地方都修筑起水坝，在规定的日期和时间开放，一旦水位上涨，油船就会漂到阿尔勒格尼河，到达匹兹堡。

这种运油方式使得阿尔勒格尼河也逐渐被石油覆盖。途中的损失几乎占到总量的1/3，而在采集过程中因泄漏造成的损失也有1/3。

最好的几口油井位于斯托里农场。我们花了4万美元买下它们。科尔曼先生建议开凿水池，可以收集石油达10万桶（油船每天运输制造的一些废弃物，也可以收集在这里），一旦供应紧张，我们还可以用它来维持一段时间。于是我们立即行动起来，但石油紧缺的日子一直没有来，我们便不得不放弃。科尔曼预言，一旦供应紧缺，石油会卖出每桶10美元的高价，到时，我们的水池就身价百万。我们当时并没有想到石油的储备量这么丰富，每天都有几千桶石油的产量，简直是取之不尽。

这4万美元的投资使我们收到了最好的回报。我们抓住了这个投资最佳的时机。[1]在匹兹堡建新工厂不仅花光了我们现有的资金，还从银行贷了款。现在想来，贷款对年轻人还是很有好处的。

看到石油的好处后，我多次来到这个地区，1864年还去了俄亥俄州，这里有一口很好的油井，很适合作润滑剂。科尔曼先生、大卫·里奇先生和我一同前往。这是一次奇妙的旅程。我们在匹兹堡坐火车行了几百英里，在一片荒无人烟的地方下了车，买下了达克河区这口神奇的油井。

返程途中下起雨来。我们坐着马车，没多远就遇到困难。路被雨水淋地泥泞不堪，马车走得很吃力。我们只得在野外露宿。科尔曼先生躺在马车的一边；里奇先生在另一边；而我当时比较瘦小，像三明治一样被夹在两位绅士中间。我们说笑打闹，车身不时上下颠簸。我们就是这样度过那晚。尽管条件如此艰苦，我们却很开心。

次日晚上，我们终于狼狈不堪地到达一个小镇。我们看到镇上小教堂的灯光，听见了钟声。我们刚找到一家客栈，就来了一位议员声称他们要组织集会，正在等我们。很明显，他们希望一位有名望的人进行演说。我只好补了这个空缺，稍做准备后就陪他们去了教堂。我想科尔曼先生和里奇先生一定会开我玩笑，但我太累了，没力气理会了。

投资事业占用了我太多精力，于是我决定离开铁路公司，全

---

[1] 从投资斯托里农场的油井的项目中，每年可得到100万美元现金，农场的身价倍增，股票总值达到500万美元。

身心投入到自己的事业当中。在这之前，汤姆森总裁把我召到费城，想提拔我做总裁助理，办公地点在阿尔图纳，辅佐刘易斯先生。我婉言谢绝了，告诉了他我的决定。下决定那晚，我征求了大家的同意。

我给总裁汤姆森递了一封辞职信。他回信给我，并热情地祝福我。1865年3月28日，是我辞职的日子，职员们送给我一块金表。我一直珍藏着这块表和汤姆森先生的信。

下面这封信是写给我的下属的：

宾夕法尼亚铁路公司

匹兹堡分部主任办公室

1865年3月28日于匹兹堡

致匹兹堡分部的全体员工

先生们：

离别之际，我无法用言语来表达不能与你们共事的遗憾。

经过12年多愉快的交往，我要以个人名义对曾经与我共同为公司付出忠实服务的人表示深深的敬意。让我痛苦的不是离别，而是今后不能与诸位再像过去一样保持亲密联系了。在工作中我已经同你们建立了深厚的友谊。我向你们保证，虽然我们结束了同事关系，但我们的友情永存。我会永远祝福你们，相信那些为公司做过贡献的人一定会得到应有的回报。

衷心地感谢你们对我的关心和支持。希望你们对我的继任者也能给予同样的支持。再见！

真诚的安德鲁·卡内基

从此，我再也不用为薪水而工作。为别人工作，总要受到局限，即使他是总裁，也不可能做自己的主人，除非控制大部分股票。否则最能干的总裁也要受到董事会和股东的牵制，而这些人可能对业务一窍不通。

1867年，菲普斯先生、J.W.范德沃特先生和我重游欧洲。此前，"范迪"已经是我最亲密的伙伴。我俩都因读了拜亚尔·泰勒的《徒步旅行》而被煽动了。当时正是石油的旺盛期，股价如火箭般迅速上升。一个礼拜天，我躺在草地上，对"范迪"说："如果你得到3000美元，你愿意与我周游欧洲，花光它吗？"

"当然，就像鸭子必须游泳，还有爱尔兰人吃马铃薯一样。"他回答道。

"范迪"省下几百美元投资石油股后，很快挣到了这笔钱。于是我们开始了远足，并邀请我的合伙人亨利·菲普斯参加，这时的他已经是颇有财力的资本家了。我们游历了欧洲大部分国家的首都，背着行李，朝气蓬勃地爬山，在山顶睡觉。这次旅行结束于维苏威火山，在这里我们发誓总有一天要环游世界。

这次欧洲之旅令我深受启发。此前，我对绘画和雕刻毫无鉴赏能力，现在已能分辨出好的作品。刚开始我对这一能力并不在意，但回到美国后却发现我已经不经意间使用新的标准来衡量美丑了。杰作的影响真的很大，我对那些自命不凡的东西再也没有兴趣了。

欧洲之行还第一次带给我音乐方面的享受。当时伦敦的水晶宫举行汉德尔诞辰庆典，我感觉自己到达了音乐的最高境界。通过在水晶宫、欧洲大教堂和歌剧院的亲身体会，我对音乐的鉴赏能力有了很大提升。罗马唱诗班、圣诞节和复活节的庆典，更是把我对音乐的热爱推向了高潮。

我也得到了商业上的启示。若要准确估量自己的发展进度，必先跳出这个国家的圈子。我感到我们的制造业并不能满足美国人的需求。但在国外，除了欧洲少数几个国家的首都，一切都似乎处于停滞不前的状态。美国却到处呈现出欣欣向荣的气象，如同小说中描述的那样，在巴别塔的周围有成千上万的人，他们一个比一个积极地在建造着这座摩天大厦。

我们应该感谢我的表兄"多德"（乔治·劳德），他为我们的一项新技术做出了贡献——这项技术在全美也属首例。他带科尔曼先生到英格兰的威根区，向他介绍了从煤矿的炭渣中提取焦炭的技术。科尔曼先生常向我们说起回收利用工厂的废弃物有多重要，抛弃是多么大的浪费。表兄"多德"是一位机械工程师，毕业于格拉斯哥大学，曾是开尔文勋爵的学生。1871年12月，他肯定了科尔曼的说法。于是我在宾夕法尼亚铁路沿线投资组建了几间工厂，与几家主要的煤厂签订了10年收购炭渣的合同；又与宾夕法尼亚铁路公司签订了10年的运输合同。多德也来到匹兹堡，负责整个工艺，并着手在美国建造第一台洗煤机。他成功了（事实上，只要是矿业或机械方面的工作，他从没失手过），不久就赚到了全部投资额。难怪后来的合伙人希望把焦炭厂划入我们的旗下，他们想要的不仅是这几间工厂，还有名声大噪的"多德"。

炼焦炭的炉子发展到500座，每天的洗煤量达1500吨。如果一个人能让原先长一棵草的地方长出两棵草，他就是对人类有贡献的。同理，利用原本废弃的材料生产出优质焦炭的人也理应自豪。变废为宝很值得提倡，建造这块大陆上第一家洗煤公司也是很值得骄傲的。

还有一个不错的职员，他是我的堂兄莫里森的儿子。有一天我经过工厂，主管问我是否知道我的一个亲戚也在这里，他是一名优秀的技工。我说不知道，并想见一见他。我们见面了，我问他的姓名。

"莫里森，"他回答道，"罗伯特的儿子。"（罗伯特就是我堂兄鲍勃）

"很好，你为什么到这儿来？"

"我想这样可以过得好一点。"他说。

"你和谁一起住？"

"我的妻子。"他回答。

"你为什么不找我介绍你到这里？"

"如果我有一线希望，就不需要别人的帮助。"

这是真正的莫里森家族的成员，他懂得自食其力。不久我就听说他被提拔为我们在迪凯纳新的工厂的主管。如今他事业有成，身价百万，但依然通情达理。我们都为汤姆·莫里森自豪（昨天刚收到他一封信，邀请我和妻子在卡内基学院的周年庆典之际顺便去他家做客）。

我总是建议扩大钢铁厂的规模，钢铁业才刚刚兴起。我们不必担心前途问题，因为美国已经对国外的货物采取了新的关税政策。内战后的美国人决心靠自己的力量建设国家，不再依靠欧洲。从前，全部的钢和大部分铁，只能依靠进口，英国是主要的进口商。如今国民要求自己供货，于是，国会决定征收钢轨售价的28%作为进口关税——相当于每吨28美元的关税。当时钢轨的售价是每吨100美元。

保护政策对美国经济起到了重大作用。内战前，党派之间存在分歧。如今关税已不再是党派间的问题，而是作为一项国家政策，得到了两党的认可。发展重要资源是爱国之举。包括议会发言人，国会中至少有90个北方的民主党派人士同意这项政策。

人们投资钢铁业不再犹豫，因为大家相信只要有需求，国家就会给予保护。战后许多年，一直有人要求减少关税，我也陷入这场争论之中。指控制造商贿赂议员是常有的事。这些指控没有任何凭据。制造商除了每年交几千美元维持钢铁协会的正常开销之外，没有多交过一分钱。他们也集过资，但那只是为反对自由贸易运动而进行的捐助。

在我的全力支持下，钢材的关税持续下降，关税跌到每吨14美元或7美元。（而今1911年，关税也只有那时的一半，可能还会做进一步修订。）克利夫兰总统想要通过一个更激进的关税政策，引起了广泛关注。这项新政策降低了许多行业的关税，一旦通过，将会损害很多制造商的利益。我被召到华盛顿，参与修订威尔逊法案。参议员高曼（参议院中的民主党领袖）、纽约州州长弗劳尔和许多民主党人都和我一样支持适度的保护政策。在我的支持下，这项大幅度降税的政策顺利通过了。

内战刚结束时，我在钢铁行业的实力还不强大，没有资格参与确立关税政策。所以我总是支持减税，但我反对极端主义——不合理的保护政策认为税收越高越好，反对降低关税。而另一些极端分子提倡无限制的自由贸易。

现在（1907年），我们废除了钢铁行业的全部关税，而没有损害本国企业的利益。欧洲已没有过剩的生产力，即使国内价格很高，从欧洲进口的也只有小部分，而且他们也会提高价格，本国企业不会有严重损失。自由贸易只有利于控制供不应求时的价格飞涨，本国钢铁企业不用惧怕自由贸易。（最近1910年，在华盛顿关税委员会上，我也陈述了这一观点。）

卡内基成功箴言

如果一个国家拥有很好的国内市场，特别是像我们一样做到产品的标准化，一定会在与国外产品的竞争中取胜。

第十一章
纽约总部

我们的公司蒸蒸日上，我需要经常去东部出差，尤其是纽约。纽约就像伦敦一样，所有大型企业的总部都设在这里。如果不在此设立办事处，公司就不会有很好的发展前景。我弟弟和菲普斯先生已经能够处理匹兹堡的全部业务。我需要做的是把握公司全局，以及洽谈一些重要合同。

弟弟幸运地娶了路西·科尔曼小姐为妻。她的父亲是我们的合伙人和朋友。1867年我搬到纽约，把在荷姆伍德的家留给了弟弟。这次迁居让我和母亲都感到很不适应。但只要我们能在一起，她不管到哪都会觉得开心，尽管还是会有一种在异乡的感觉。初到纽约，一切都很陌生，我们在旅馆暂时安顿下来。然后在百老汇街上设立了一间办事处。

有时，匹兹堡的朋友会来纽约，这成为我们最大的快乐。匹兹堡的报纸也是我们生活中必不可少的一部分。我同母亲时常回匹兹堡。所以能够始终保持与老家的联系。后来在纽约有了新朋友和新的兴趣，便开始把这里当成家了。再后来旅馆老板在非商业区开了温莎公爵旅馆，我们也搬到了那里。直到1887年，这里都是我们在纽约的家。旅馆的老板霍克先生也成了我们的好友，就连他的侄子也和我们保持着良好的关系。

我在帕默夫妇组织的19世纪俱乐部里得到很大益处。他家每月都有聚会，讨论许多问题，吸引了各界名流。我要感谢伯塔夫人，是她让我有幸成为其中一员。她是了不起的女人，丈夫是一名教授。一天我应邀在伯塔夫妇家享用午餐，见到了许多名人志士，其中一位成为我的一生好友，他就是著名的法律顾问安德鲁·D.怀特，时任科内尔大学校长，后来他又出使俄罗斯和德国，是海牙议会美国代表团的团长。

19世纪俱乐部的确是一个很好的竞技场。知名人士在这里针对当天的热点话题进行讨论，并逐一给听众讲解。由于参加人数增多，聚会的地点便改到了美国艺术馆。我初次登台演讲的主题是《美元贵族》。主题发起人是托马斯·温特维斯·希金森上校。这是我第一次在美国演讲。那之后我就时不时地发表演说。这真的是一个很好的锻炼机会，每次演讲前都须要进行大量的阅读学习以便收集素材。

由于我对制造业比较了解，它是一个非投机型的行业。做电报员时我就知道几家匹兹堡公司正在纽约进行证券交易，我带着极大的兴趣关注着这一切。在我看来，他们的做法完全是在赌博。

我惊讶地发现，投机的事态在纽约竟然如此不同。几乎每一个商人都在华尔街上或多或少地炒过股。很多人缠住我，询问我接触过的几家铁路公司的情况。常有人说愿意出资让我运作——他们认为我能得到内部消息，投资一定会成功。也有人邀请我加入，意在收购一部分资产的控制权。整个投机市场上最诱人的一面展示在我面前。

我婉言谢绝了这些诱惑。甚至一天早上，我刚回到纽约温莎旅馆，正值事业顶峰的杰伊·古尔德也跑来找我，说他将要买下宾夕法尼亚铁路公司的全部控股权，如果我同意管理的话，他愿意给我一半受益权。我谢绝了，他说，尽管斯科特先生和我在业务上有过分歧，但我依然敬重他、支持他。后来斯科特先生告诉我，他听说了此事。我不清楚他是怎么知道的，因为我从没跟别人提起过。我向他保证，除非我拥有了铁路公司，否则就不会去做什么总裁。

1900年的一个清晨，我把这件事告诉古尔德先生的儿子："你父亲当年曾让我经营宾夕法尼亚公司，作为报答，我让他的儿子负责国际海洋航线。"

他和我达成了协议——那就是让瓦伯什铁路公司承接我们在匹兹堡的运输工作。我们提供钢铁公司1/3的运输业务量，合同签订得很顺利。

我从没投机性地买卖过一只股票，只在早年购买过宾夕法尼亚铁路公司的小额股票，而且还是银行主动提供的低息贷款。我始终坚持一个原则：永远不求虚幻的利润。从前，我也曾在交易中得到过一些股份。包括来自纽约证券交易所的股票和有价证券，于是每天读早报时，总是第一时间去关注股市行情。这让我下定决心卖掉所有其他企业的股票，以便集中精力搞好实业公司，并不再持有任何其他股票。除了少数额外得到的股票外，我严格遵守着这一原则。

每一个从事实业的人和职业者都应该实行这条原则，如果一个人要处理好眼前的问题，他就必须保持冷静。如果总是受到证券市场波动的影响，就不可能做出准确判断：他会摇摇摆摆，失去方向；他会权衡失当，抓不住事情的主干；他会把小丘看成高山，又会把高山当成小丘；他会不经过缜密思考而草率下结论。他的注意力总是集中在股市行情上，不能冷静思考。投机寄生在价值之上，然而它本身却并不创造价值。

定居纽约后，我做的第一件大事是在基奥卡克修建一座跨越密西西比河的大桥。宾夕法尼亚铁路公司的总裁汤姆森先生和我共同承包了桥梁的整个框架、桥基、土石方工程及上层结构。依照合同我们可以拿到部分债券和股票。工程的各方面都相当成功，却在经济上受到了损失。一场突如其来的骚乱使铁路行业陷入了破产境地，以致合同方不能付清报酬。竞争者在伯灵顿也修了一座横跨密西西比河的大桥。我们预期的高额利润成了泡影。还好汤姆森先生和我也没有受到太大损失。

桥体的上层建筑是我们在吉斯通工厂修建的。施工期间，我偶尔去基奥卡克视察，结识了一些聪明能干的人，其中有里德将军及夫人，还有莱顿夫妇。后来我又和一些英国朋友同来参观，他们对这个遥远的西方国家产生了很好的印象，感觉到文明之邦的气息，惊讶无比。里德将军盛情款待了我们，仿佛是在英国的某个小镇。内战期间，客人们大都觉得自己是高贵的，英国议会具有很高的地位。

修建基奥卡克桥使我获得了声誉，以致有人来找我修建圣路易斯的密西西比河大桥。这是我接到的第一笔大业务。1869年的一天，这家公司的项目负责人麦克弗先生（他的作风很像苏格兰人），来到我们纽约办事处，他们正在为修桥筹集资金，想知道我是否能征集一些东部的铁路公司也加入这个项目。经过仔细审核，我代表吉斯通公司签下了协议。同时我还获得了这家桥梁公司第一期400万美元的抵押权，并于1869年3月起程去伦敦，洽谈股份的售卖方案。

去伦敦途中，我草拟了一份项目宣传册，并印刷出来。我首先去拜访熟人朱尼厄斯·S.摩根，向他推荐这个项目的投资，他是一家大银行的老板。我给他留下了一份宣传册的附件，第二天摩根认为这个项目很有潜力。我出让了一部分债券给他。但他的律师建议我在债券的措辞上做一些修改。摩根先生建议我说，如果我还打算去苏格兰的话，最好马上动身，因为我必须写信给圣路易斯的董事会，由他们确认是否同意更改。

我担心夜长梦多，告诉他我早上就可以发一份电报请求董事会确认。尽管大西洋电缆开通已有一段日子，但很少有私人发这样长的电报，这是有些困难的。拨通债券公司的号码很容易，但是文件的每一行都有改动，要把这样冗长的改动表达清楚，必须细心。发报前我让摩根先生过目，他说："很好，年轻人，如果成功了，你就应该得到奖励。"

第二天早上，我刚到摩根先生的办公室，就看到在他分给我使用的办公桌上放着一个彩色信封，里面是董事会的回复。信中写道："董事会同意所有变动。"

"现在，摩根先生，"我说，"我们可以继续合作了，董事会已经接受了你们的建议。"于是合同很快就签完了。

这时，《泰晤士报》的财经编辑萨姆森先生也来了。我见过他，清楚地知道他的几句话就会对债券价格产生很大变动。美国证券市场最近遭到很大的冲击，因为菲斯克和古尔德对伊利铁路公司的诉讼，就连纽约的法官都被他们控制了。我知道萨姆森先生一定会把这件事报道出来，因此我先发制人。让萨姆森先生认清一个事实，圣路易斯桥梁公司是国家政府授权许可的，必要时，它会直接向美国最高法院申诉。萨姆森先生说他很高兴获知这条重要情报。我把这座桥比作高速路上的收费站，这似乎令他满意。我们沟通得很顺利。萨姆森先生一离开办公室，摩根先生就拍拍我的肩膀说："谢谢你，年轻人，刚才你已经把债券的价格增加了百分之五。"

"真的吗？摩根先生，"我说，"告诉我怎么做才能让您的债券升值更多。"

债券发行相当成功，修建圣路易斯大桥的钱也凑齐了。我在谈判中获得了利润。这是我第一次与欧洲银行家商谈。几天后，普尔曼先生告诉我，在一次晚会上摩根先生跟他提起发电报的事情，预言说"这个年轻人将来一定会名声大噪"。

辞别摩根先生，我又回到丹佛姆林。我捐赠了一座公共浴场给家乡，这是我第一笔大额捐助。很久前，在劳德姨父的建议下，我曾给华莱士纪念馆捐过款。不是很多，但相对而言还是可观的，因为当时我还在电报公司工作，每月只有30美元的收入，并要维持家用。母亲没有反对我，她觉得儿子的名字能出现在捐赠人名单上是一种自豪，标志着儿子从此成为一个对社会有用的人。许多年过去了，母亲和我回到斯特灵，在华莱士塔上有一尊华莱士·斯科特先生的半身雕像，那是母亲捐给纪念馆的。那以后，我们家的经济状况越来越好，但大笔的捐赠还没有开始，因为那时我还是在积累阶段。

1867年，我在欧洲旅游，对所见所闻产生了浓厚的兴趣，但也得关心家里的事。我通过频繁的书信遥控指挥公司业务。由于内战的影响，连接太平洋的铁路运输显得格外重要，国会一致同意鼓励铁路建设。铁路在奥马哈破土动工，并计划修到旧金山。我在罗马得知这一消息，工程进展比预期快得多。国家已经下定决心要把国土连在一起，所以工程会加紧完成。我写信给斯科特先生，建议争取到加利福尼亚路段卧铺车厢的合同。他给我回复道："是的，年轻人，你总能抓住时机。"

一回到美国，我就开始为这个目的努力。卧铺车厢的市场发展得越来越快，几乎有些供不应求。现在的普尔曼公司正是因此而成立。中央运输公司对快速增长的需求有些力不从心。普尔曼先生的公司已是世界最大的铁路运输公司——芝加哥公司，不久就成为我们的竞争对手。他也看准了太平洋铁路的卧铺市场，并为此筹划。他真是我们的劲敌。通过与普尔曼先生的竞争，再次让我看到小事不可忽视的作用。

联合太平洋铁路公司的总裁经过芝加哥时，普尔曼先生前来拜访，普尔曼先生在总裁房间的桌子上看到一封要发给斯科特先生的电报，写着"你提出的卧铺车厢计划我们已经接受了"。

德雷尔总裁进来时，普尔曼解释说："我相信在看到我的计划书之前，你们是不会做出决定的。"

德雷尔总裁许诺等他。不久，联合太平洋公司在纽约召开董事会。为了拿到这个订单，普尔曼先生和我都出席了会议。一晚，我俩在圣尼古拉斯旅馆楼梯口碰上。我主动和他打了招呼："晚上好，普尔曼先生！你不认为我们在做一件愚蠢的事吗？"

他不认同，问："什么意思？"

我跟他解释目前的情形，为了拿到订单，会导致两败俱伤。

"是的，"他说，"可是你有什么好主意？"

"合作，"我说，"给联合太平洋公司提交一份我们共同的计划书，你和我合成一家公司。"

"你认为新公司的名字是什么？"他问。

"普尔曼豪华车厢公司。"我回答。

这很合他的意，我也觉得合适。

"到我房间来，我们详细讨论一下。"这位卧铺车厢的大人物说道。

于是我们共同得到了这份合同。这家公司后来并入普尔曼总公司的旗下，获得部分股权。我一直是普尔曼公司最大股东，直到1873年的金融危机，我被迫卖掉所有股份以挽救钢铁公司。

普尔曼本人和他的事业都是典型的美国方式，一两句话是解释不清的。普尔曼先生原本是一位木匠，当芝加哥大规模建设的时候，他接到许多业务，由此积累了资金。他干得相当成功，很快成为行业里的顶尖人物。如果一个大旅馆想要加高10英尺，既不影响旅客，也不干扰生意，那么找普尔曼先生准没错。他是少有能够把握事态趋势，或者说能够抓住主流的人。和我一样，他也看到了美洲大陆上卧铺车厢的势在必行。他开始在芝加哥建造一些车厢。并拿到了芝加哥中心线路的合同。

东方公司竞争不过普尔曼公司。我不久就清楚地认识到这点，尽管东方公司和创始人、大股东伍德罗夫先生享有最初的专利权。尽管会因侵害专利权而招致损失，但在此之前，普尔曼的公司有足够时间发展为全国型的大公司，因此我热切希望能与普尔曼结为盟友。在争取联合太平洋公司的项目时，我们已经建立了统一战线。由于普尔曼先生跟东方公司的关系不太好，我必须帮助他们和解，建立良好的合作关系。我们很快达成一致，普尔曼公司吸收我们公司，还有中央运输公司。由此，普尔曼的业务不再仅限于西部，而是扩展到通向大西洋海岸的宾夕法尼亚干线。这使得他的公司所向披靡。普尔曼先生是一个很有才干的人，他曾给我讲过一个富有哲理的故事，令我感触良多。

和别人一样，普尔曼先生也有不幸和失落。除了他，我不知道还有谁能在经营卧铺车厢的同时，以如此完美的方式解决各种困难，并同时维护铁路行业的声誉。有一次，他跟我说起一个让他受益匪浅的故事。西部一个县里有一位老人遭受了很多不幸，邻居们对他表示同情，他却说："是的，朋友们，你们说得没错，我一生都在历经磨难，但有一个惊人的事实是——这些烦恼十之八九都不会真的发生。"

没错，大部分的痛苦都是想象出来的，应该一笑置之。杞人忧天是愚蠢的。车到山前必有路，很多事都没有预料中那么坏。聪明人懂得乐观。

经过多次谈判，我赢得了纽约部分人的关注。1878年，我接下一个与联合太平洋铁路公司有关的大业务。他们的一个董事来找我，说必须筹集60万美元（相当于现今的几百万美元），才能渡过难关。执行委员会里一些认识我的朋友建议说，我可以筹到这笔钱，并能让宾夕法尼亚铁路公司来控制那条重要的西部线路。我想普尔曼先生也会一同前来，也许普尔曼先生就是最先想到我的那个人。

我揽下这件事，认为如果董事会愿意让宾夕法尼亚铁路公司提名的几个候选人作为董事会成员，可能就比较容易说服宾夕法尼亚公司帮助联合太平洋公司。我去费城与总裁汤姆森交涉此事。我建议说，如果宾夕法尼亚铁路公司信任我，为联合太平洋公司在纽约的贷款提供担保，我们就能控制他们在宾夕法尼亚的收益权。他对公司的资金使用比对自己的钱更谨慎。但这笔生意的回报太可观了，实在不能轻易放过。即使60万美元收不回来，作为对这家公司的投资也值得了。更何况没有什么风险，因为我们已准备把得到的有价证券转让给他。

我和汤姆森先生的会面是在他费城的家里。当我起身告辞时，他拍着我的肩说："安迪，这件事我全指望你了。我完全信任你，你必须持有全部证券。你清楚的，宾夕法尼亚铁路公司从来没有损失过1美元。"

我成功了。联合太平洋公司非常希望由汤姆森先生担任总裁，他拒绝了。他提名由宾夕法尼亚铁路公司的副总裁斯科特先生出任。1871年，斯科特先生、普尔曼先生和我被选为联合太平洋铁路公司的董事。

我们得到联合太平洋公司300万份股权，我把它们锁在保险柜里。正如预期那样，由于有宾夕法尼亚铁路公司的加入，联合太平洋公司的股价长势很好，增值空间很大。就在此时，我要去伦敦谈判，关于奥马哈的密西西比河大桥。在我出差期间，斯科特先生卖掉了我们在联合太平洋公司的全部股份。我曾经交代秘书，斯科特先生也是董事之一，有权处理这些股票，而且在我离开的日子里，证券也该有人负责。但是我万万想不到，他会卖掉联合太平洋公司的所有股权，因为它们的前景一片大好。

我回来后，发现自己不再被联合太平洋公司看作一个有信誉的合伙人，而被认为是以投机为目的来做这件事的人。这本是一个合作的好机会，却如此草率地失掉了。普尔曼先生也是无辜的受害者，我相信他会立刻买回联合太平洋公司的股权。我也很想这么做，却不行，因为我不想针锋相对地和老朋友斯科特先生作对。

我们被联合太平洋董事会扫地出门。对一个年轻人来说，这是一剂难吞的苦药。因为这件事，我和这位曾对我产生重要影响的、敬爱的昔日上司发生了第一次分歧。斯科特先生很后悔，他说根本没有在意，抛出全部股份，是因为他以为我也想卖掉。有一段时间，我很担心会因此失去一位难得的朋友——莫顿布利斯公司的利瓦伊·P.莫顿，这里面也有他的股份，幸运的是，他最后知道了我的无辜。

2500万美元的奥马哈大桥的债券洽谈得相当成功。然而在我出差之前，这些债券就已经被联合太平洋公司的人买下了，我的谈判让他们获利，却没给联合太平洋公司带来什么好处。我离开前，董事会并没有跟我解释清楚这一切。回来后我才发现这一不幸的事情——股票的所有受益权，包括我的利润都被这些人用来偿还他们的债务了。我着实亏了一大笔。此前我没上过当，也没想过这方面的事情。我想自己还很年轻，要学的东西太多了。大部分人是值得相信的，但还是有一部分人需要提防。

卡内基成功箴言

　　请做一个真诚的人吧，每时每刻都要真诚，不能失信于任何人。

第十二章
交易磋商

这段时期，我帮助威廉·菲利普斯上校（阿尔勒格尼山谷铁路公司的总裁）进行了一次谈判，取得了彻底的成功。一天，他来到我在纽约的办事处，说他急需用钱，虽然有宾夕法尼亚铁路公司做担保，还是没有银行愿意购买他们公司500万美元的债券。这位老绅士被银行家逼得走投无路，因为银行之间已经达成协议，要按照他们的规定操作。菲利普斯上校已经做出让步，按九折出售，银行家们却更加苛刻。那个时候，西部铁路公司的债券总是按八折出售的。

菲利普斯上校想看我有什么好建议帮助他渡过难关。他说现在需要25万美元，汤姆森先生却不肯借给他。阿尔勒格尼铁路公司债券的年息是7%，但在美国不用黄金支付，而是用现金支付，因此无法卖到国外市场。但是我知道宾夕法尼亚铁路公司持有大量费城—伊利铁路公司的债券，年息是6%，且用黄金支付。我想如果宾夕法尼亚公司得到阿尔勒格尼铁路公司年息7%的债券，是一笔不错的交易，更何况他们已经为阿尔勒格尼铁路公司做了担保。

我给汤姆森先生去电报，问他是否愿意为公司赚到25万美元的利息，然后把它借给阿尔勒格尼铁路公司。汤姆森先生回复说："当然。"菲利普斯上校很高兴。他表示，作为对我的感谢，愿意给我提前60天的优先权，以九折的优惠价购买他500万美元债券。我把整件事情对汤姆森先生说清楚，并建议他和我做一个交换，这样他们公司可以每股多得1%的利息。我立刻带着费城—伊利公司500万美元的抵押债券的控制权，起程到伦敦，这些债券由宾夕法尼亚铁路公司担保——这使我得到了一个高价的可靠保证。但同时这次我也遇到了金融生涯中最大的一次打击。

我给巴林银行写了封信，说我打算卖一笔债券，而且断言他们会毫不犹豫地接受。到达伦敦之前，他们已经给我留了一个便条在我预订的宾馆，约我面谈。第二天一早，我就拿到了贷款合同。合同规定他们贷给宾夕法尼亚铁路公司400万美元，利息是5%，如果他们以票面价值出售，则要减去2.5%的佣金。卖出后他们将净赚不少于50万美元的收益。

就在决定签时，拉塞尔·斯特吉斯先生说他们刚得知巴林先生将于明天一早到达这里。出于礼貌，应该让他先了解此事，所以将合同签订仪式延迟到了翌日的下午两点。

当我准备给汤姆森先生发电报时，直觉告诉我再等等，等合同装进我的口袋。我走了4英里的路程回到旅馆。刚到旅馆，一个信差就气喘吁吁地跑过来，递给我一个巴林银行的信封。俾斯麦在马格德堡冻结了1亿美元的资产。金融界惊惶失措。巴林银行说在这样的情形下，他们没办法继续这笔交易。空欢喜一场。我感到很愤怒，却也无能为力。幸好没给汤姆森先生发电报。

我决定不再找巴林银行，最终把债券以更低价卖给了J.S.摩根银行，尽管他们也正在大量出售有价证券。起初我并不想去找J.S.摩根银行，菲利普斯上校告诉我，他与J.S.摩根的美国银行曾经谈判失败，所以伦敦的摩根银行可能也知晓此事。但后来一有类似业务，我就会首先想到摩根，他很少让我空手而回。即使他的银行不能提供贷款，也定会帮我推荐另一家信誉良好的银行，而他从中收取部分佣金。每进行一次买卖证券的交易，我总会从中得到奖金，这让我很开心。当然，我犯了一个错误，我应该给巴林银行时间，让他们渡过危机，那很快就会过去的。当谈判的一方出现浮躁情绪时，另一方就应该保持冷静和耐心。

一天，我与摩根先生说起一件金融运作方面的小事。

"摩根先生，如果你愿意分给我你所得利润的1/4，我就给你一个制胜法宝。"

他笑道："看起来很公平，我愿意付给你总利润的1/4。"

我提起了阿尔勒格尼山谷铁路公司的债券，这家大公司因业务拓展急需资金，我把他们的债券和宾夕法尼亚铁路公司做了交换，换成费城—伊利铁路公司的债券。此时市场上对美国的证券需求很大，所以这些债券能够很顺利地出售。我将负责写出发行债券的方案。经过专业性的斟酌，他接受了我的建议。

汤姆森先生在巴黎，我得知宾夕法尼亚铁路公司需要资金，就去见他，说如果他同意，我可以争取将债券卖给摩根先生。汤姆森先生把债券价格定得很高。摩根先生收购了一部分。通过这种方式，900万~1000万美元的阿尔勒格债券上市了，宾夕法尼亚铁路公司也得到了资金。

1873年，这些债券卖出不久，金融危机就来了。我从摩根先生那里得到了一笔收入。一天他对我说："我父亲来电报问你是否打算卖掉股份。"

我说："是的，卖掉。这种时候，我要卖掉全部股份，换成现钱。"

"好的，"他说，"你应该拿多少钱？"

我说信用卡最近一次显示是5万美元，我应该拿6万。第二天一早，我告诉摩根先生，他多给了我1万。

"卡内基先生，"他说，"是你弄错了，你信用卡上显示的比实际少了1万美元，其实总共有7万美元。"

他给了我两张支票，一张是6万美元，另一张是额外的1万美元。我把1万美元的支票递给他，说："这是你应该得到的。请接受这张支票，作为我衷心的祝愿。"

"不，谢谢。"他说，"我不能这么做。"

这种事情在生意场上并不罕见，它显示了彼此间可贵的理解。那之后，我就决定尽可能地不让摩根父子为我遭受损失，他们从此多了一个我这样忠实的朋友。

企业想强大，就必须守诚信。虚张声势和自以为是是致命的。企业不应只注重法律条文，更要看重精神内涵。如今商业道德标准大大提高。一个人犯了错，就算对他的公司有利，也应该立刻纠正。要想获得最终的成功，必须赢得一个公平、公正的好名声，而不仅仅是守法。我们长期坚持的这个准则，得到了意想不到的收获，即"总是把丰厚的利益让给对方"。这不适用于投机领域，那是完全不同的行业。那是赌博。炒股和经商是两回事。不得不说，像朱尼厄斯·S.摩根这样传统的银行家，近年来已经不多了。

离开联合太平洋铁路公司董事会不久，斯科特先生[1]参加了修建得克萨斯的太平洋铁路。一天他发来电报，让我务必去费城见他。我去了那里，还见到一些新朋友，其中有J.N.麦克鲁夫，他是宾夕法尼亚铁路公司驻匹兹堡的副总裁。他们在伦敦为这项工程申请的巨额贷款已经到期了，摩根公司表示倘若我愿意加入贷款，就会考虑续借。我拒绝了。他们责怪我对朋友见死不救。那是我一生最为难的时刻。我不愿卷入其中。责任不允许我这么做。我的全部资产都要用于生产，每一分钱都是有用的。我是钢铁公司的大股东，身系公司前途。我的前面还有弟弟、菲普斯先生、克罗门先生，和他们的家人，都需要我的保护。

我曾竭力劝过斯科特先生，在没有足够的资金前，不要贸然修建这样长的铁路。几千英里的铁路线凭短期贷款是无法维持的。我也付了25万美元，购买了部分债券，尽管并非出于我的意愿，但他说这是我从欧洲回来后特意留给我的。

60天内还清摩根银行的贷款是不可能的，即便是我自己的那部分。而且，随后还有六笔贷款，都是不得不考虑的。斯科特先生与我在生意场上又一次产生分歧。这也是我在经商之路上受到的最重创伤。

不久后，灾难就发生了，曾经的商业巨子们遭到了很大创伤。斯科特先生的早逝可能很大程度上也是因为他不堪忍受这样的耻辱。他是极其敏感的人，失败让他痛不欲生。麦克马内斯和

[1] 1872年，托马斯·A.斯科特上校离开了联合太平洋铁路公司。同年，他被选为得克萨斯太平洋铁路公司总裁。1874年，成为宾夕法尼亚太平洋公司总裁。

贝尔德先生也是合伙人，不久也相继去世。他俩是钢铁制造者，本不该涉足铁路的。

相比做投机生意的人，实业家其实不容易遭到这样的打击。那是很好避免的，只要问自己两个问题：第一，是否有足够的资金投入，而不会招致麻烦？第二，是否愿意为朋友失掉这笔钱？如果回答都是肯定的，那他可以做，否则就放弃。但如果是一个聪明人，他肯定地回答了第一个问题后，还会考虑这是不是一个更好的时机。只要他还有责任和债务，就一定会忠实地为他的债权人负责。我是这样认为的。

尽管我拒绝了他们，但他们仍然邀请我第二天一早坐他们的车回纽约，以便再商量。我也高兴地接受了。他们还邀请了安东尼·德雷克斯。路上，麦克马内夫先生评论说在他看来，车里只有一个聪明人，其余的人都是"傻瓜"。那就是"安迪"，他用现金付他的股份，不欠钱，也不用承担一点责任。他们都应该学我。

德雷克斯先生想知道我是如何避免这些麻烦的。我说：因为我恪守一个原则，就是绝不把自己的名字签在明知还不起的合约上；或者借用一位朋友的名言——不要踏进明知过不去的河里。对我而言这里的水太深了。

正因为恪守这条原则，我和合伙人才能免于麻烦。这条准则阻止了任何人以任何方式做有损公司利益的事，所以我们才能一步步发展壮大。这也是我为什么不签名的一个原因。

这件事结束后，我又多次到欧洲联系出售有价证券，总共卖了3000万美元。这时，纽约还没有因为大西洋电缆的开通而发展成大型金融中心。当时伦敦的银行家们宁愿把钱借给巴黎、维也纳，或者柏林这样低息的地方，也不愿意借给高息的美国。他们认为在欧洲的投资安全。我弟弟和菲普斯先生已经能把钢铁厂管理得井井有条，我可以放心周旋于金融界。在国外的证券交易给我带来了诱人的商机，但我仍然热爱工厂。我希望实实在在地挣钱，仍然把钱投在匹兹堡的工厂里。

吉斯通桥梁公司的小厂房已经租出去了。我们又在劳伦斯威尔买下了10英亩土地，建造了规模更大的厂房。论型材种类，联合钢铁公司已经成为当时美国的领头军。业务越来越大，我通过其他途径挣的钱都需要投到钢铁厂。我还和宾夕法尼亚铁路公司的朋友一起，投资了西部一些州县的铁路行业，但后来便撤出了，我决定与"不要把蛋装在一只篮子里"对着干。我认为——"把好蛋放在一只篮子里，然后看好它。"才是正确的。

我相信，只有把自己的行业做精、做通，才能取得真正的成果。我不赞同到处投资，我从没看过到处撒网的人能够赚到大钱，生产行业更是如此。成功的人总会选择一条路，并坚持走下去。奇怪的是，很少有人重视投资自己的产业所获得的巨额利润。每一家厂主都需要更换或维修设备，可他们宁愿把钱花在别处，也不愿意用在自己工厂的更新和维修上。我知道的大多数商人都把钱用来购买债券或是投资到与其毫不相干的企业，全然不知真正的金矿就在他们的工厂里。

这个事实，就是我比别人更会管理资金的法宝。商人遇到的最致命的失败，是他不投资自己的行业，而是投资不精通的行业。我给年轻人的忠告是：不仅要把时间和精力用在事业上，还要把钱都投在那儿。如果公司的业务不能再扩大了，又找不到其

123

他有发展潜力的行业，那么明智之举是把盈余投到一流证券所，就可以得到一笔满意而又可靠的收入。而我早已决定，将全身心投入钢铁公司，将它做大做强。

由于经常去英国，所以便结识了一些钢铁行业里的名人——贝西默是其中的佼佼者，还有洛锡安·贝尔爵士、伯纳德·萨穆尔森爵士、温莎·理查兹爵士、爱德华·马丁，以及宾格利、埃文斯等。我有幸成为英国钢铁协会的会员，不久又被推选为会长，成为第一位非英国国籍的会长。这是我莫大的荣耀，尽管我曾因担心没有时间管理好协会而拒绝过这一职位。

为了修桥和其他工程，我们被迫从事熟铁生产。我们认为应该生产自己的生铁了。因此在1870年我们建造了一座露西高炉——如果当初我们能够全面估计到其工程的巨大，可能会推迟施工。我们时常听到钢铁业的老前辈们关于我们快速发展的不好的预言，但我们毫不介意。我们认为有足够的资金和信心建起一座高炉。

然而，预计的成本还不够实际花费的一半。这对我们是一个考验。克罗门先生对高炉的操作一窍不通。尽管如此，我们却并没有遇到多么严重的问题。露西高炉（以我弟媳的名字命名）的产量空前，大大超出我们的预料，每天100吨，相当于从前一个星期的量。我们创造了纪录，很多参观者都惊叹不已。

我们也遇到过危机。有一段时间铁的价格从9美分跌到了3美分，不过我们还是安全地度过了危机。记得当时许多工厂破产，我们的财务经理更是忙得团团转。经历了多次危机，我们的工厂毅然挺了过来。当时著名的英格兰惠特威尔兄弟公司生产的高炉被广泛使用，而惠特威尔先生也给了我们很多如何使用高炉的帮助。惠特威尔先生来参观我们的露西高炉，我对他说了一个困难。他立刻说："那是因为料钟的角度有问题。"

他向我们说明应该如何改动。克罗门起初并不相信，我极力建议做一个小型的玻璃高炉配两个钟角，一个按照露西高炉的结构设计，另一个采用惠特威尔先生的建议。实验结果真如惠特威尔先生所料。我们原先的钟太靠近高炉边缘，偏离中心，导致部分热量损失。而惠特威尔先生设计的结构却正好解决了这个问题。

惠特尔先生多么善良、大度啊！毫不保留地贡献出他的知识！作为报答，我们得到的新知识也总会告诉他们。我们对惠特威尔公司知无不言（今天，我很高兴惠特威尔兄弟还有一位健在，我们依然保持着良好的友谊。他后来继任我在英国钢铁协会会长一职）。

卡内基成功箴言

做大事的人应该学会对这些无关大雅的小事一笑置之，从中找寻快乐，要不然他们可能会把自己变成"小人"。

第十三章
钢的时代

过去，甚至是40年前（1870年）的人类也完全不知化学在生铁制造中的重要作用。然而，它却是炼钢造铁必不可少的一部分。那时高炉经理是一个粗鲁的外国人，他时不时地教训不服管束的工人，将他们推倒在地。大家以为他拥有超自然的能力，拥有判断高炉情况的本能，跟他的同乡一样，可以用椿树枝判断油井或水井的位置。

露西高炉总是接连出现各种问题，因为我们太不了解各类矿石、石灰石和焦炭的成分了。我们实在无法忍受，最终辞去了这位仅凭经验和感觉行事的高炉经理。我们有一位年轻的运务员M.柯里，我们看中了他的与众不同。

菲普斯先生对露西高炉格外关心。他每天都去照看，生怕出问题。倒不是因为露西高炉产量不行，而是它比别的高炉大太多，存有较多的安全隐患。周日早上他的父亲和妹妹做礼拜时，他也会来看露西高炉。即使他跟着一起去，也只会祈祷露西高炉运行正常，因为这才是他所关心的。

接下来要找一位化学家做柯里先生的助手和顾问。我们找到一位博学的德国人弗里克博士。他告诉我们许多以前不知道的知识。从前被认为质量优良的铁矿石其铁含量却比想象中的要低10%到15%，甚至是20%；那些原本以为质量低劣的矿石反而能够炼出上层的钢。一切都颠倒过来了。化学知识犹如冉冉升起的太阳，驱走了我们在钢铁业的困惑。

　　就在炼制的关键时期，露西高炉却被迫停产，原因是我们用纯度极高的矿石代替了纯度差的，后者的产量不及前者的2/3。但是为了熔炼它，却要加入更多石灰，导致露西高炉受损严重。材料的优势反让我们陷入了困境。

　　我们太蠢了！但还是安慰自己：我们最起码了解了材料的性质。我们已经请化学家来指导好几年了，而他们却还在说雇不起。如果没有化学家，更不可能获取利润。从他们的角度看，或许可以理解对雇用化学家的评论——简直是一种浪费。

　　由于我们的科学管理，露西高炉制造出了最大的利润。如今我们了解了真相，决定再建造一座这样的高炉。与露西高炉相比，这一次节省了不少资金。许多被认为没有价值的矿山，还有很多工厂不愿意要的产品，都被我们购买。那些"质量优良"的高价品，我们完全不予理会。密苏里的一家铁矿山就是一个很好的例子。它的产品很不受欢迎。据说只有精炼才会产生价值。化学知识使我们得知，那是因为磷的含量低，硅含量高。如果使它熔化，将是再好不过的矿石。我们大量收购这种矿石，还得到了矿主的感谢。

　　不可思议的是，多年来我们一直以高价销售含磷量高的炉渣，以较低价收购铁矿渣——其铁的含量比炉渣高，磷的含量也有所减少。必要时，高炉还可以用来精炼烟道渣。多年来，炉渣都被同行们当作废料扔在河边。而我们则能把自己劣质的原料换成优质的，并从中获得利润。

还有更不可思议的事，偏见认为氧化铁皮不能再提炼，而那恰恰是一种纯铁的氧化物。这让我想起一位来自丹佛姆林的朋友——奇泽姆先生。我们经常开玩笑。一天，我到他在克利夫兰的厂子参观，看见工人们正把有价值的氧化铁皮搬到院子里。我问奇泽姆先生如何处理它，他说："扔到河边去，我们的高炉经理总是抱怨这些东西不好熔化。"

我没说话，回到匹兹堡后，我决定跟他开个玩笑。我们工厂有个年轻人叫杜·普维，他的父亲正在匹兹堡研究一种炼铁的方法。我让人派杜·普维去收购这些氧化铁皮。他去了，并以每吨50美分的价格买了过来。过了一段时间，我希望奇泽姆先生能够意识到这个玩笑。可我还未来得及告诉他这件事，他便离开人世了。不过他的继任者们很快跟上了我们的脚步。

我一直关注贝西默炼钢法的情况。我知道一旦成功，钢的时代就会到来。我的朋友约翰·A.赖特，他是宾夕法尼亚刘易斯自由铁厂的总经理。他曾专程到英国调研这一新工艺。他是一位杰出的实干家，决心在自己的工厂建造贝西默车间。他的思路是对的，只是有点为时过早。资金投入比他预计的大得多。这项工艺在英国尚处于实验阶段，更别说引入美国。这项实验还需要一个漫长的过程，需要投入很多资金，他根本承受不起。

这项工艺实验成功后，很多人在哈里斯堡投资建造宾夕法尼亚炼钢厂。然而要不是及时得到宾夕法尼亚铁路公司的支持，也许这项工艺早在过渡期就失败了。应该感谢汤姆森总裁的高瞻远瞩。他向董事会建议投入60万美元，一旦成功，今后他们的钢轨就有保证了。事实证明他是对的。

对宾夕法尼亚铁路公司等重要铁路线来讲，寻找代替铁轨的材料是相当棘手的问题。由于连接宾夕法尼亚和韦恩站的匹兹堡路段的铁轨容易变形，每过六周或两个月就要更新一部分。在贝西默炼钢工艺推出前，我曾让汤姆森总裁关注英格兰的道普斯先生的发明，他研究的铁轨顶部碳化技术效果很好。我获得了道普斯专利的使用权，建议汤姆森先生投资20万美元在匹兹堡进行实验。他同意了。我们建了一座熔炉，专为宾夕法尼亚铁路公司碳化数百吨的铁轨。它的效果的确比普通铁轨好很多，这是美国首次使用顶端碳化的铁轨。我们把它更换到最容易磨损的路段，汤姆森先生的投入得到了很大的回报。如果没有贝西默工艺的顺利推广，我相信我一定会把道普斯工艺发挥到最佳水平，使其被广泛接受。但在贝西默技术兴起后，就再也找不到比钢更坚固的材料了。

匹兹堡附近的坎布里亚制铁公司——美国最大的铁轨制造企业，他们的总裁是我的朋友威廉·科尔曼先生——决定建一座贝西默炼钢厂。我对这一工艺感到相当满意。这种技术不需要巨额的资金投入，也不用承担很大风险，就能取得显著成效。威廉·科尔曼先生对此也有相同想法。我们一致决定在匹兹堡进行钢加工。科尔曼先生和大卫·麦克坎德里斯先生成了我的合伙人。父亲去世时，大卫·麦克坎德里斯先生曾帮助过我的母亲，这让我永世难忘。约翰·斯科特和大卫·A.斯图尔特先生等也加入进来，宾夕法尼亚铁路公司的正、副总裁汤姆森和斯科特也成了股东。1873年1月1日，钢轨公司正式成立了。

选择厂址是最先让我们头疼的问题。我不看好他们推荐的地址，于是跑回匹兹堡和伙伴们一起商议此事。星期天早上我躺在床上，突然闪过一个念头，赶紧爬起来去找弟弟：

"汤姆，你和科尔曼先生是对的，布拉道克斯毗邻宾夕法尼亚、巴尔的摩，还有俄亥俄州。那里还有条河，是美国最好的位置。我们可以用埃德加·汤姆森先生的名字给钢厂命名。我们现在就去找科尔曼先生，然后一起去布拉道克斯。"

我们当天就出发，第二天一早科尔曼先生努力与地主麦金尼先生压低价格，对方的报价实在太高了。我们的目标价格是每亩500~600美元，最后却花了2000美元。但是后来扩建的时候，地皮已经涨到了每亩5000美元。

这里曾是布拉道克斯的战场，而我们要开始在此建造自己的钢轨厂。挖地基时，发现了许多战时遗物——刺刀、剑等。丹佛姆林的总督亚瑟·豪克特爵士和他的儿子都战死在这里。巧合的是，两位丹佛姆林的贵族葬身之处，如今竟成了另外两个丹佛姆林人的工业开发区。

出于对汤姆森先生的尊敬，我们决定以他的名字给钢厂命名。当我们征求他的意见时，他的回答却意味深长。他说美国钢轨目前还没有树立很好的声誉，不愿让自己的名字与它们联系在一起。我说："尽管还处于实验阶段，但是已经能生产出和国外一样好的钢材，所以我们的钢轨一定会和吉斯通桥梁以及克罗门的轮轴一样声名远播。"

他终于接受了。

汤姆森先生非常希望这块地能够靠近宾夕法尼亚铁路公司，他总是首先为公司着想。这样钢厂的运输就可以由宾夕法尼亚铁路公司垄断。几个月后，他来匹兹堡视察时，宾夕法尼亚铁路公司匹兹堡分部主管、也就是我的继任者罗伯特·皮特凯恩告诉他，新厂址在布拉道克斯，虽然有他们的铁路线经过这里，但是也有巴尔的摩和俄亥俄的线路，而且还有一个谁也比不上的竞争者——俄亥俄河道运输。罗伯特跟我说，当时汤姆森先生眨了眨眼说："安迪应该把厂址再往东挪几英里。"但其实他也知道，这里是最优的选择。

1873年9月，经济危机来临时，我们的新厂进展顺利。这是我经商生涯中最不安的日子。我正在阿尔勒格尼山的别墅避暑，一个风平浪静的早晨，突然接到一封电报，宣布杰伊·库克银行倒闭。此后每小时都能听到某家银行破产的消息。银行接连倒闭。我们每天早上一睁开眼睛想的就是下一步该怎么办。随之而来的是其他公司失去了资金来源，也跟着倒闭，直到整个商品市场陷入瘫痪。银行的弊端暴露出来，我们的国家需要一个合理的银行体系。

我们没有债务困扰，因为我们根本不欠债，可是讨要债务却成了麻烦。银行恳求我们不要提款。但发工钱的日子就要到了，我们需要10万美元的小额钞票。为了这点钱，我们还在纽约多出了2400美元的佣金，快递到匹兹堡。那时使用任何资本借钱都是不可能的。但是有价证券却是个例外，我保存的一些证券发挥了作用——公司承诺今后一定会把它们赎回来。

一些铁路公司也欠了我们大笔的材料钱——福特·韦恩公司欠款最多。我当时去找他们的副总裁邵先生，告诉他必须还钱。

　　他回答说："你是应该拿回你的钱，但在目前的情况，不到万不得已，我们不能支付任何一笔钱。"

　　"很好，"我说，"那我们也会拒付你们的运费。我现在就下令，不会再付你们一分钱。"

　　"好，如果你这样做的话，"他说，"我们就停止你们的货运。"

　　我愿意承担风险，但铁路公司其实也没有做得那么绝。事实上，他们后来也免费为我们服务了一段时期。当客户停止付款时，匹兹堡的企业家们就无法还贷，银行只好把到期的贷款改成续约。这对我们很有利，银行总是会做出这样的调整，我们才能更好地经营。但在这样的时期，我只想在企业内部集中更多资金，再也不想忍受焦虑的折磨了。

　　危机开始的时候，我总是合伙人中最担心和焦虑的一个。我几乎不能自控。但好在我们有经济实力，这让我冷静下来，准备在必要时就去找与我们有业务往来的各家银行，向他们的董事会展示我们的整体状况。我不认为那有什么丢脸的。我们没有一个股东的生活挥霍无度，我们不会拿公司的钱来做与公司无关的事情。我们更不会拿自己的证券给别人做抵押贷款。任何人都可以看到我们的公司是一个欣欣向荣、有发展潜力的公司。

　　所以，我能够笑对忧虑，但他们没人同我一样欣喜。克罗门先生办法多，声望高，一定会给我们做担保的。威廉·克罗门的名字是我们唯一坚固的高塔。他的爱国之心更是无法估量。依惯例，国庆7月4日这天是要停工的，他来参观工厂时，却发现工人们正在修锅炉。

他命令全部停下来，并说："国庆节必须停工！"并狂怒道，"星期天再维修锅炉！"

1873年的大风暴使我们立即开始对各个领域进行收帆。我们极不情愿地决定把新钢厂停产一段时间。一些股东因为拿不到分红，把股份卖给了我。这样一来，公司的控制权就到了我的手里。

这场风暴首先影响的是金融界，随后又波及商业和制造业。事态的发展越来越严重，最后连得克萨斯太平洋公司都难以幸免。我在那里有许多朋友，我为他们的损失难过。由于我与他们的关系甚好，人们不相信我没有卷入他们的债务危机。

我们与匹兹堡汇兑银行有大量的业务往来，他们的总裁斯考恩伯格先生得知斯科特和汤姆森陷入困境时，立刻从纽约赶到匹兹堡召开董事会，他说我不可能不受到影响，并建议拒绝给我们更多的票据折扣。他惊讶地发现给我们的贷款数额和折扣竟如此之大。我们立即赶到匹兹堡，向他们公布本公司的情况，解释说尽管我是得克萨斯公司的股东，但已经用现金付清了，所以不用承担任何债务风险。我所承担的责任仅与本公司相关，而且我已经准备把全部财产用作抵押，绝不会欠债。

直到这时，我才被商界公认是一个大胆、无畏的年轻人。我们公司业务广，发展快，我虽然年轻，却经营着数百万的资产。匹兹堡的一些老前辈很看好我。一位久经商场的长者公然表示："就算安德鲁·卡内基的脑子不够用，运气也会助其成功的。"

这种论断具有一定的真实性。我与合伙人很少冒险，这一定会让很多人感到惊讶。每当我要做大事时，总能得到像宾夕法尼亚这样的大公司支持。我继承了苏格兰人小心谨慎的作风，但对一些老前辈来说，我有时也会像魔鬼一样疯狂。他们已经老了，而我还年轻，这就是两者的不同。

匹兹堡金融机构很快把对我们的担心转变为了绝对的信任。我们公司的信誉度无懈可击，就算在金融危机时，贷款给我们的银行也越来越多。就像历史悠久的匹兹堡银行，当其他银行存款减少时，它的存款额却可以达到历史高峰。它是美国唯一用黄金兑换的银行，它鄙视在法律的庇护下而采用现钞支付的做法。

不光斯科特和汤姆森，其他一些朋友也陷入了困境，我的合伙人克罗门先生也未能幸免。他被投机者引诱入股埃斯卡那巴制铁公司。那些人向他保证这家公司会成为股份制公司，但计划还没来得及完成，就产生了一笔巨额债务——大约70万美元。克罗门别无他法，只得宣布破产。

这对我们来说是很大的打击，因为克罗门先生作为合伙人之一，没有权力投资别的钢铁公司，更不能在没有通知合伙人的情况下这么做。商场上的游戏规则是——合伙人之间没有秘密。忽视了这条规则不仅使克罗门自己身处险境，也让我们面临了危险，就像得克萨斯太平洋公司的朋友们遭到危机时，我们公司也产生连带麻烦一样。

如果克罗门先生是商人，我们绝不会继续同他合作。然而他不是，他是杰出的机械师，只是略懂商业而已。他的理想是在办公室做管理工作，可他更适合在工厂搞设计发明，这才是他无人能敌的优点。为此我们很难给他安排适当的位置，以致他最终另觅出路。可能很多人奉承他是商业奇才，而不仅是机械天才（尽管我们会时常提醒他注意，他自己却没有认识到）。

宣布破产后，克罗门先生重新获得了自由。我们愿意帮他，按成本价提供公司10%的股份给他。而且我们愿意先帮他垫付，直到他还清债务。他只需用红利来抵资即可，没有任何风险。当然这个机会也是有条件的，那就是他不能加入其他公司，不能用公司的股份作抵押，另外必须把全部时间和精力都投入到技术中，不再过问公司管理。如果他能接受这些条件，早已是一位千万富翁了。但是自尊和家庭的独特性让他拒绝了。他仍然从事商业活动，不惜开了新公司与我们竞争，并让儿子做经理。结果他不但失败，还过早地离开人世。

对于自己的兴趣和能力所在，我们总是感到很茫然。我知道好多人，明明有很好的技术，却偏要做管理工作，把自己折磨得焦头烂额，最后还以失败告终。我很遗憾克罗门先生的离开。他心地善良，是一位机械天才，他不离开的话一定会开心度过和我们在一起的日子。

卡内基成功箴言

最优秀的工人不应该在大街上找工作。只有没能力的人才会游手好闲。我们重用的工人一般不会被解雇，即使在公司萧条的时候也不会。在现代化的钢厂，让新员工来操作如此复杂的机器，是不可行的。

第十四章
合伙人、书和旅行

克罗门先生离开后，工厂自然是由威廉·伯恩特莱格负责。提起威廉，我总是很开心。他来自德国——原本只是一个不会说英语的年轻人，只因与克罗门先生是亲戚，我们才雇用了他。起初他什么都不会，但很快学会了英语，成为一名每周报酬6美元的运务员。他起初对机械一无所知，凭着一股不屈不挠的上进与努力，终于熟悉了公司的业务，并参与出谋划策。

威廉很有个性，说话语序颠倒，语气中带有德国口音，因此常给人留下深刻印象。在他的打理下，联合炼铁厂成为效益最好的一个部门。忙碌的工作，使他显得有些劳累过度，我们决定给他假期回欧洲散散心。可他却辗转来到纽约跟我说，他最想去的是匹兹堡而不是回德国。在华盛顿纪念碑的楼梯上，还有其他公共建筑物上，他看到卡内基公司生产的铁梁，他这样说道："我现在只想立刻回工厂，看看那里是否一切正常。"

威廉的全部时间都用在了工作上，每天起早贪黑。工作就是他的一切。他是我们最初吸纳入股的那批年轻人中的一个。可惜英年早逝，他当时的年收入是5万美元，每一分钱都是他应得的。关于他的故事还有很多。有一次我们开年终例会，要求每个人都要做简短发言。轮到威廉时，他说："我们所要做的是提高利润，降低成本，为此贡献出自己的力量。"他的话马上引起了哄堂大笑。

有段时间，政府派埃文斯上校（"好斗的鲍勃"）到我厂监察。他的要求很严格。这给威廉造成不少麻烦，还得罪了这位上校。他不断地抱怨埃文斯上校的行为。于是我们努力让威廉知道讨好一位政府官员的重要性。

威廉却说："他老抽我的雪茄（这位上校真是过分！威廉只抽一分钱的劣质雪茄），又跑去给我的产品挑毛病。您能忍受这样的人吗？不过好吧，我还是会向他道歉的。"

上校说威廉的确道歉了，他笑着告诉我们威廉是这样道歉的："你好，上校，我希望你没事了。我不是有意冒犯的，上校。"说着伸出手来，就这样他俩冰释前嫌。

一次，威廉把大批不能用的废铁卖给邻居——匹兹堡钢材制造的先行者詹姆士·帕克。帕克先生发现这批铁的质量很差，于是要求索赔，我们让威廉陪菲普斯先生一起去处理此事。威廉却没有跟菲普斯一起进办公室，而是在工厂周围找寻这批铁，但却遍寻不见。威廉于是知道该怎么办了。

他走进办公室，抢在帕克先生前面说："帕克先生，我很高兴得知你们不想用这批铁。我愿意全部买回，让你们每吨赚5美元。"威廉知道这些材料已经被用光了。帕克先生说不出话来，事情于是解决了。威廉胜利了。

有一次我去匹兹堡，威廉说有点"特别的"事情想告诉我——不能对别人讲。他上次回德国时，在以前的同学家住了些日子，他的同学是一名教授。

"卡内基先生，我同学的妹妹也住在那里，她对我很好。回来后我给她寄过小礼品，她也给我回了信，我们渐渐就有了感情，后来我请求她嫁给我。她很有教养，却答应了我这冒昧的求婚。我打算接她来纽约。但他的家人却不了解我现在的工作。她的哥哥来信让我去德国与她完婚。我实在不想离开工厂，你说我该怎么办呢？"

"你当然要去。威廉，是的，你应该去。我想这样是最好的。你立刻去把她娶回来。我会安排好这里的一切。"临出发前，我对他说："威廉，我想你的未婚妻准是一位漂亮、高挑、温柔甜美的德国淑女。"

"哦，卡内基先生，她其实有点胖。"威廉还用工厂的一个动作来形容他女友的胖。（1912年6月早上我又看到这里，每看这段，还有《每个人都必须自立》中相应的一段时，我都会忍不住大笑起来。）

菲普斯先生曾是公司市场部主管，随着我们业务的扩大，他也开始负责钢厂的业务。另一个年轻人——威廉·L.艾博特接替了他之前的职务。艾博特的经历与伯恩特莱格有些类似，刚开始也是一名小职员。他和威廉一样成功，也是我们董事会的年轻成员之一，最后还成为公司的总裁。

由于柯里把露西高炉管理得相当出色，也被选入董事会。要想取得商业上的成功，必须懂得知人善任，并给予适当的回报。后来我们把卡内基和麦克坎德里斯公司并入埃德加·汤姆森钢铁

138

公司。起初我弟弟、菲普斯先生，还有其他一些股东都反对。但我向他们出示了第一年的收入情况表，并说如果不合并，将来一定会后悔的。再三权衡后，他们终于接受了我的建议。这是一个幸运的决定。

经验告诉我，只有不断引进各种类型的新人，才能保持团队旺盛的生命力。必须求新求变。埃德加·汤姆森钢铁公司也不例外。在造钢轨之前，克罗门先生曾经对铁路部的一位经理很满意，说他才思敏捷、精明强干。不久后我发现他的评价是对的。这个新人是铁路线的审计员，所做账目精密细致。但是期望他，或别的办事员一到工厂就游刃有余，是不现实的。对于新的工作，任何人都会缺乏理论知识与实践经验。这不能表示他成为不了一位出色的审计员。

钢厂即将开工时，这位审计员提交了一份人员结构计划书，让我批示。我发现他划分了两个部门，一个交给史蒂文森先生，他是苏格兰人，是一位不错的生产管理者；另一个交给琼斯先生。我当然没有批准，在同一家工厂，两个管理者的权力平分秋色，实在不利于工厂管理。这就好比一支军队有两位长官，一艘船有两位船长，一家工厂有两个地位相当的管理人，必然会有灾难，即使他们分属不同部门。

于是我说："这绝对不行。我不认识史蒂文森先生，也不认识琼斯先生，但是他们中只有一个能当船长，并向你报告。"

经过商议，我们决定把船长的位置交给琼斯。后来他在贝西默炼钢行业声名显赫。

这位船长年轻精干，精神饱满，具有威尔士血统，所以身材矮小。他原先在位于约翰斯敦的我们邻居的工厂工作，刚到这儿时是一名机械工，每天的报酬是2美元。不久我们就发现他是一个可造之才。他曾作为一名志愿军参与内战，现在成为一位优秀的公司领头人，遇到困难从不退缩。埃德加·汤姆森钢铁公司有今日的成就，也有他的一份功劳。

多年后，我们决定让他入股，给他成为百万富翁的机会，他谢绝了。我告诉他，一些年轻人已经拿到了公司的股份，他们可以获得更多收入，现在我们也投票表决让他入股。他不须承担经济压力，因为股价可以用利润支付。

"不用，"他说，"我不想参与公司运作的事情。现在的工作已经够我忙的。如果你认为我有价值，就请给我一份高薪吧。"

"好的，船长，你会拥有一份和美国总统一样多的薪水。"

"一言为定。"这位小个子的威尔士人说。

起初，钢轨制造业的竞争者并没有把我们放在眼里。他们知道起步的艰难，因此认定我们在一年内都不可能生产出钢轨，不会有竞争能力。当时钢轨的价格是每吨70美元。我们在全国各地设立代理商，报出最优惠的价格，在竞争者们还没意识到的时候，我们就已经得到了很多的订单——这是一个很好的开始。

拥有先进的设备、绝妙的策划，还有琼斯船长手下优良的人手，再加上他卓越的领导才能，我们业务的前景自然一片光明。有必要特别指出，钢厂第一个月的营业额就达到了1.1万美元。我们完善的会计系统准确计算出了利润率。从炼铁厂的经验中，我们知道精确的统计意味着什么。工厂材料的每一个部门，都有专人进行核对。

钢厂有了一个这样好的开端，我就可以放心去度假了，可以实现我环球旅行的心愿了。1878年的秋天，我和J.W.范德沃特先生（范迪）出发了。我带上几本便笺簿和铅笔，开始写日记。想着或许可以印几本出来，将这宝贵的经历与我的朋友们分享。我想第一次看见自己写的书变成铅字，感觉一定会很好。当印刷厂把这包书送来时，我又读了一遍，揣度是否值得送给朋友。我感觉总体来说还算可以。

　　既然是为朋友而写的书，自然不会顾虑太多，但我还是担心会有人批评它。结果出乎我的意料，大家都很喜欢这本书，至少一部分人是发自内心的。每一位作者都渴望赞美。起先是费城的大银行家安东尼·德雷塞尔来信抱怨说，我的书霸占了他几小时的睡眠时间，因为他一看起来就停不住，所以一直熬到凌晨2点才看完。类似的信我收到好几封。我记得中央太平洋铁路公司的总裁亨廷顿先生，一看见我就说，他正准备过来恭维我呢。

　　"为什么？"我问道。

　　"是这样，我把你的书通读了一遍。"

　　"是吗，"我说，"这不算恭维，我其他的朋友也是如此呀。"

　　"但他们与我不同。因为这么多年来，我除了账本还没有读过别的。我原本也不打算读你的书，但我随意一翻，就放不下了。要知道账本是我五年来唯一愿意通读的文件。"

　　朋友们的赞美，我并不全信。但有人通过别的途径看到了我的书，并给出了肯定的评价，这着实让我陶醉了好几个月。后来我又印了几次，以满足越来越多的需求。报纸也刊登了一些相关评论和精彩内容，这引起了一些人的注意。最后查尔斯·斯克莱布诺的儿子要求出版，以供市场需求。所以《环球旅行》问世了，我也成了一位名副其实的作家。

这次旅行带给我一个崭新的起点，改变了我的世界观。我对斯宾塞和达尔文的理论也产生了浓厚的兴趣。我开始用进化论的思维来看待人生的各个阶段。在中国，我读了孔子；在印度，我读了佛经和印度经典；在孟买，我从帕西人那里知道了拜火教。此次旅行让我的精神得到了宁静。将以前混乱的思想也整理成了一个体系。基督说"天堂就在你心中"，这句话对我有了新的含义。不是过去，也不是将来，而是现在，天堂就在我们心中。我们全部责任都在这个世界，就在此时此刻，不要追求超脱现状、不切实际的幻想。

曾经影响过我的神学和韦斯登博格哲学，对我已经失去了作用。我发现没有一个民族的信仰是完美的；同样，他们的信仰又都有其道理。每个人都有崇拜的老师。佛是一个，孔子是一个，拜火教的琐罗亚斯特是一个，基督耶稣也是一个。所有的教义在伦理学上都是相似的，我和我的朋友马修·阿诺德说：

> 上帝的孩子啊！他的眼睛永远看着我们，
> 我们创立的宗教，
> 他不会轻视任何一个。
> 哪一个伤心失落的人，不被告知他有着无穷的力量？
> 有谁不渴望滋润心房的甘露？
> 有谁不因失意而哭泣过，
> 但是你必须振作。

这时埃德温·阿诺德的《亚洲之光》出版了，这本书带给我很大快乐。因为刚去过印度，所以读到这本书时就有一种故地重游之感。我对此书的欣赏传到了作者耳中，后来我和他在伦敦相识，他还把原始手稿作为礼物赠给了我。这是我最宝贵的收藏之一。每一个环球旅行的人都应该把经历写成书，即使那会花费一些金钱。环球旅行与其他的旅行不同，你对世界不会再有模糊与破碎的印象。经历了环球旅行之后，你会感到看遍世间万物（当然只是粗略的）。你会看到世界各地的人都有一个相同的目标，那就是摆脱命运的束缚。

环球旅行者如果仔细研读东方国家的宗教经典，定会受益匪浅。每个国家的人民都认为自己的宗教是最好的，为生养自己的土地感到自豪。大部分的国民都会感到幸福，他们会说："金窝银窝，不如自己的狗窝。"

关于这一点，在《环球旅行》中有两处也许可以进行解释：在新加坡附近的一片小树林里，有几个农民正忙碌着，孩子们光着身子玩耍，父母穿着宽松肥大的破衣服。我们被这个画面吸引了。我们让导游跟他们说，我们的国家这个季节早就入冬了，门前的小池塘也结了厚厚的可以走人的冰，有时连马都能在上面走。他们吃惊地问，我们为什么不来这里生活，因为他们真的很幸福。

还有一例：在去北极圈的途中，我们看见拉普兰人的驯鹿营。我们聘请一位水手做向导。回来时我们经过一个海湾，彼岸有几间稀稀落落的小棚，还有一幢在建的两层小楼。"那幢新建的房子是谁的？"我们问。

"房子的主人是一个特罗姆瑟人，出去发了财，回来这里安家。他很有钱。"

"你跟我说你去过世界各地，伦敦、纽约、加尔各答、墨尔本等。如果你也发了财，会在哪里安享晚年？"

他眼睛里闪着热烈的光，回答说："当然是这里，没有比特罗姆瑟更好的地方。"

虽然地处北极圈，一年6个月在黑暗中度过，却是他的出生之地，是最甜美、最温馨的家！

或许生活环境会有一些缺憾、不公平，甚至恶劣，我们却为各地人们的善良和幸福而叹服。他们爱自己的家园，不论环境和地理位置如何。我高兴地发现：上帝没有划分种族，只是每一个民族在不同时期有着不同的标志。

卡内基成功箴言

根据我早年的经历，用金钱来建造一个公共的图书馆，并作为一项市政府的机构来支持，使孩子们从中受益，没有什么比这更有价值的事业了。

第十五章
马车旅行和结婚

1877年6月12日，我的故乡丹佛姆林授予了我荣誉市民的称号。这是我获得的最高荣誉，我激动万分。自沃尔特·斯科特爵士之后，在我之前只有两个人获此殊荣。作为答谢，我打算发表一次重要的演说。我告诉舅舅贝利·莫里森我的准备，都是真心话。舅舅本身就是演说家，这时他告诉我一句富有哲理的话。

"就这样，安迪，把自己的真情实感说出来。"

这是公开演讲的经验之谈，是我必须记住的。有一条准则可以供给年轻演讲家参考：你们必须明白你们的听众，他们只是普通人，对他们演讲要像与别人的日常交流一样。只要你把自己当作他们中的一员——而不是什么特殊人物，心里就不会有任何障碍。如果你伪装自己，必然会失去自我。保持平常心，勇往直前吧。我曾经问过英格索尔上校（他是我见过的最受欢迎的演说家），他的力量来自哪里。"不用畏首畏尾，摇摆不定，"他说，"做你自己。"

1881年7月27日，我又一次在丹佛姆林演讲，母亲为我捐赠的第一座图书馆奠基。以前父亲也和另外四个织布工也这样做过，他们创办了镇上第一家图书室。我建议图书馆的门前一定要刻一轮冉冉升起的太阳，并加一句格言："让阳光普照。"他们采纳了。

我们组织了一个车队去丹佛姆林。早在1867年，在英格兰旅行时，我与乔治·劳德和亨利·菲普斯就有过这个想法，要亲自驾马车欣赏布赖顿码头到因弗内斯的美好风光。现在终于得偿所愿。1881年春，我们一行11人，从纽约出发，开始此生最有意义的长途旅行。我在旅程中感受到青春和快乐——这是世间最好的良药。

我会把当天的经历用寥寥数语记录在2便士的存折本上，这还是我出发前买的。由于已经出版了《环球旅行》，所以我这想写点札记发表在期刊上，或为我的同伴们做一些记录。但在一个寒冷的冬天，我待在纽约的家中不想出门，不知如何打发时间，突然想起了这次旅行，就决定写点试试。不料文思如泉涌，当天就写了三四千字。此后每个暴风雨的日子，只要没有特殊的事情，我都会在家中写东西，仅20天工夫，就完成了一本书。我把手稿交给斯克莱布诺出版社，让他们印几百本出来，拿去赠送友人。这本书也得到了朋友们的喜爱。一天，埃普林先生告诉我，斯克莱布诺先生读过此书，很想出版。

一个爱慕虚荣的作者很容易被几句恭维打动，我同意了（每年我都能收到一笔小额的版税，直到1912年总共领了30年）。我也收到了很多读者来信，这些信由我的助手整理，还被装订成册。其中有些是残疾读者，来信说这本书给他们的生活带来了光明和无比的快乐。这本书在英国也得到了广泛好评。我认为这都是因为我没有刻意追求名利，只是想写给朋友看，因此完成的轻松自如。我是带着充满快乐的心情书写这本书的，就像在旅途中一样。

1886年是我一生中最黑暗的时期。无忧无虑的日子一去不复返。我被孤独地遗弃在这个世上。母亲和弟弟于11月相继去世。而我染了伤寒，躺在床上有气无力。或许幸运的是，面对死神的威胁，我无力感受丧亲之痛。

我第一个患病，当时我们正从东边回到阿尔勒格尼山顶的乡间别墅，我和母亲在这里度过了很多美好的夏日。从纽约出来的前一两天我就感到不对劲。医生检查后说我得了伤寒。我们又把丹尼斯教授从纽约请来确诊，还请了一名训练有素的护士前来护理。不久母亲便倒下了，接着在匹兹堡的弟弟也被确诊。

我那时的性情大变，绝望消沉。整个人软弱无力，只有沉浸在回忆中，才能忘了伤痛。大家隐瞒了母亲和弟弟的病情。当我得知他们的死讯时，真想随他们而去。我与家人从没有分开过。为什么现在会变成这样？或许这就是命运。

我恢复得很慢，不知道未来是什么样子，只有一点希望和安慰。我认识路易丝·惠特菲尔德小姐已经好几年了。她的母亲允许我们一起在街心花园骑马。还有另外几个喜欢骑马的年轻的姑娘一道。我有几匹好马，常和姑娘们到公园骑，绕着纽约转圈。其他几位小姐都露出平庸之气，只有惠特菲尔德小姐始终完美。我不得不承认她经受住了时间的考验。她兼有我所知道的全部优点。我建议年轻的小伙子，在选择伴侣前，一定要认真考察。能做到像我这样，你就一定会得到幸福。

"我曾热切留意过许多女孩，她们身上有各种优点，我因此喜欢过不少姑娘，可是从没全心全意对待任何一个，总觉得她们不够完美。但是小伙子们啊，十全十美的人只存在于想象中。"

我在心灵深处总是重复这些话。今天，我们已经共同生活了20多年，倘若有什么语言能表达我对她的爱，我一定会不吝惜地向她诉说。

起初我的求爱没有得到她的青睐。追求她的人很多，不乏比我年轻的。我的财富和前途反而让我败下阵来。她认为帮不到我什么，她希望成为丈夫的贤内助，与他共同奋斗，就像她的父母亲那样。她心中已经规划好了未来生活的雏形。我们交往不错，可她说不能接受我。

丹尼斯教授夫妇把我接到他们纽约的家中，对我进行了一段时间的特别看护。回到纽约后，我刚能握笔，就给惠特菲尔德小姐写信，请她来看我。她感到现在的我孤立无助，她终于有了"付出"的感觉。于是在1887年4月22日，我们在纽约结婚，随后到怀特岛度蜜月。

她很喜欢采野花。从前她只在书中读到过三色堇、勿忘我、樱草花和百里香等花名，这些家喻户晓的花朵对她而言只是个名字。劳德姨父和我的一个表哥从苏格兰前来探望，他们在基尔格拉斯顿为我们选了一处避暑的好地。她被苏格兰深深吸引。这可以理解，她在少女时代就读过苏格兰的书籍——斯科特的小说和《苏格兰领袖》都是她的最爱。很快她变得比我还像苏格兰人。这正是我梦寐以求的。

我们在丹佛姆林玩得很开心。我带她去我小时候的住处，那里的乡亲向她说了许多我儿时的趣事。她对我产生了美好的印象，这给了我们的生活一个很好的开端。

在北部的爱丁堡时，我又被授予荣誉市民称号，罗斯伯里勋爵为此作了演讲。爱丁堡的市民很热情。我在一个大礼堂对工人发表演说，并得到一份礼物，我的妻子也收到了——是一枚胸针，她很喜欢。她被风笛手的艺术魅力所感染，希望能请一位来家里——早上伴着笛声醒来，晚上听着笛声用餐。她是一个地道的美国人，还是康涅狄格清教徒。她说如果生活在孤岛上，只允许选择一件乐器的话，她一定选风笛。我们很快找到这个人，他带着克鲁尼·麦克弗森的介绍信。我们聘请了他，当我们走进基尔格拉斯顿的房子时，就能享受到美妙的笛声。

尽管很期待回到高地的家，然而在基尔格拉斯顿度过的每一天都很开心。有许多朋友来看望我们。妻子和我在丹佛姆林的亲戚相处融洽，尤其是和父辈们。大家都很喜欢她。他们惊讶地说，这么好的姑娘怎么愿意嫁给你？我说我也很惊喜。姻缘是上天注定的。

返回纽约时，我们把风笛手、女管家和仆人们一起带走了。尼科尔夫人现在还与我们一起生活，已经忠心耿耿地为我们服务了20年，如同我们的家人。一年后，男管家乔治·欧文也来了。女佣马吉·安德森也是如此。他们全都富有爱心、品格高尚、忠厚老实。

第二年，经人建议，我们买下了克鲁尼城堡。风笛手在那里长大，告诉我们许多风土人情。可能正是受了他的影响，我们才做出了这个决定——把那里作为避暑之地。

1897年3月30日，女儿出生了。当我走到她身边时，妻子说："让她用你母亲的名字吧，叫玛格丽特。现在，我必须提个要求。"

"是什么，路易？"

"现在我们有了孩子，就必须有属于自己的避暑之地。我们不能总是租房子，搬来搬去的。应该有自己的家。"

"是的。"我同意道。

"但是只有一条。"

"是什么？"我问。

"必须选在苏格兰高地。"

"太好了。"我回答，"那也很适合我。你知道我怕晒。我会去做一番咨询调查的。"

最终我们选择了斯基伯。

亲人去世后，我和妻子已经共同生活了20年，她改变了我。和她在一起的时候很幸福，我不敢想象没有她的日子怎么过。结婚前，我以为自己很了解她，但其实我看到的只是很少一部分。她的纯洁、神圣和智慧，当时我还没有更深的了解。每当有紧急情况或在社交生活，与亲友交往时，都能看出她的外交天赋，她是一位和平使者。她在哪儿，哪儿就充满和平与关怀。几次紧急情况时，她都能沉着面对。

这位和平使者从不与人争吵，甚至在少女时代也没有与同学吵过架。见过她的人，都不会对她有半点抱怨。这并不表示她要求不高，委曲求全——正相反，她很苛求。但是头衔、财富、地位打动不了她。她的言谈举止大方得体。她也不会降低标准。她的密友都是高尚的人。她总是想着应该如何帮助周围的人——总是在为别人着想。

我不敢想象没有她的日子，也无法忍受她先我而去。从自然规律来看，似乎我不会碰到这样的情况，但我也不忍心把她孤零零地抛下！她需要关心和保护。不过我们可爱的女儿会陪伴她，关心她。而且，玛格丽特也会更需要她。

哦，为什么，我们好不容易找到了人间天堂，却最终要被迫离开，去那未知的地方？用杰西卡的话说："已经很满足了，巴沙尼奥勋爵的生活温馨而快乐，因为他有爱妻的呵护，他找到了人间天堂。"

卡内基成功箴言

不错，人类大部分的痛苦都是自己想象出来的，应该一笑置之。杞人忧天是愚蠢的。船到桥头自然直，更何况很多事都没有预料中的那么坏。一个聪明人应该是一个乐观的人。

第十六章
工厂和工人

确保原料供应畅通，是我在英国学到的钢铁业重要经验。解决了埃德加·汤姆森工厂的钢轨问题后，我们就开始进行下一步计划。由于存在生铁原料的供应问题，我们便建造高炉，自己炼铁。我们总共建了三座，其中一座是埃斯卡那巴造铁公司的二手货，是克罗门先生联系到的。其实回收旧高炉并不比新建一座花费少，还没新的好用。没有比买次品更令人不满的了。

尽管这笔交易是个错误，但随后它却为我们创造了很高利润，因为它小，适合炼镜铁，还有后来的锰铁。我们是美国第二家生产镜铁、第一家（在很多年里仍然是唯一的一家）生产锰铁的工厂。我们之前一直要靠国外进口锰铁，每吨要花80美元的高价。我们的高炉经理朱利安·肯尼迪先生建议，既然矿石好找，我们完全可以自己提炼锰铁。这个建议很值得尝试，结果大获全胜。我们制造出的锰铁不仅能满足全国需求，售价也降到了每吨50美元。

勘察弗吉尼亚矿山时，我们发现一些欧洲人正打悄悄购买回去炼锰铁，矿主还以为他们另有用途。菲普斯先生立即决定买下矿山。矿主由于缺少资金和技术，只好转让。我们出高价成了这座矿山的主人。彻底勘察后才发现这里的锰铁含量很高，足以收回成本。一切都是高效进行的，从发现到生产，一天也没有耽搁。这也正是股份公司比大集团公司的优势所在。大集团公司的总裁必须征求董事会的意见，等待决定可能要几个星期甚至几个月的时间。到时，矿山可能已是别人的了。

我们不断扩建高炉车间，一次比一次优化，直到达到我们认定的标准。当然后来也有一些小的改进，但现在我们已经成为理想的加工厂，生铁的月产量是5万吨。

为确保经营独立性和生产顺畅，我们增设了高炉部。用来熔炼生铁的燃料应该保证供应流畅，现在却出现了供应不足。经过详细彻底的调查，我们发现弗里克焦炭公司不仅有最好的煤和焦炭，弗里克先生本人也是一位管理天才。在他还是铁路行业一名可怜的小职员时，就已经崭露头角。1882年，我们收购了该公司一半股份，又从其他股东手中购买了一些股份，最终成为最大股东。

只剩下铁矿石的供应问题了。只要解决掉这个问题，就能与欧洲最大的公司竞争。在宾夕法尼亚的发现，曾一度让我们以为能够完成这最后一环。然而，我们被矿山周边的矿石质量蒙骗了，这里经多年冲刷，除去了大部分杂质，纯度较高，但是稍微往里一点，就会发现这其实是一个没有价值的贫矿。

我们在宾夕法尼亚的山地中租了一座高炉，由化学家普鲁瑟先生做原料的成分分析，鼓励当地人帮忙采集矿石样本。那时，人们对化学很陌生，甚至敬畏，所以找不到可以做实验助手的人。人们认为他检测矿石成分的仪器是某种邪恶的力量。我们只好从匹兹堡派了个人过去。

一天，他寄来一份不寻常的分析报告，称该矿石不含磷，很适合贝西默炼钢。这立即引起我们的关注。矿主是摩西·汤普森，一个富有的农场主，在宾夕法尼亚中心县最好的地段拥有7000英亩土地。我们与他洽谈转让石矿的事。我们了解到五六十年前，该矿曾被开采，当时采用木炭熔炼法，没有成功。可能是铁的含量太高，很难熔化。那时该矿没被看好，对我们来说真是一件幸事。

我们获得了6个月内接管这个矿的权力。我们马上开始勘测，这是每个买主都应该仔细做的事。我们以纵向50英尺、横向100英尺间隔为考察线路，每个交点处都插上标杆。总共80根，并在每点进行不同深度的分析。在付清10万美元之前，必须完全了解矿山状况。通过我的表兄，也是合伙人劳德先生，把采矿和洗矿的成本降到最低，甚至找回了上次选矿失误的损失。这件事上，至少我们还是反败为胜了。我们充分发挥了化学家的作用。这次事件说明我们决心找到原料，并为之努力是相当英明的。

我有过几次相当惊险的成功。一天，我和菲普斯先生经过国家信托公司在匹兹堡的办公室。我看到他们的窗户上有几个镀金大字——"股东都有责任"。当天早上，我看报表了解到我们有20股"国家信托公司"的股份于是对亨利说："你能不能在下午去办公室前卖掉这家公司的股份。"他说可以等有了好机会再出手。

"不，亨利，帮帮我，马上去办。"

他照办了。没过多久，这家银行就出现了严重赤字，倒闭了。很多股东受到损失，我的表兄莫里斯先生也是其中之一。如果没有卖掉这些股份，公司的信誉不可避免地要受到严重损害。这真是九死一生啊。哪怕只有20股（价值2000美元），我们的名字就会被列在受害股东的名单上！这个教训一定要记住。商场上有一条铁的定律，你可以任意支配你的钱，但是别让名字出现在任何需要承担责任的名单上。尽管几千美元的投资不算什么——但它却可能给你带来致命伤害。

我们清楚地看到，不久以后，铁就会被钢取代。甚至在吉斯通桥梁公司，钢也越来越多的取代了铁的应用。铁的时代马上过去，钢的时代就要到来，我们越来越依赖钢了。1886年，我们决定在埃德加·汤姆森钢厂附近再建新厂，用于加工各种型号的钢材。正在这时，匹兹堡有五六家加工厂在荷姆斯泰德修建了几座钢厂，愿意卖给我们。

这些钢厂原是几家公司联合修建的，初衷是为各家公司提供钢材，当时的钢轨市场很景气，所以他们改变计划建了一家钢轨加工厂。钢轨的价格居高不下，造钢轨是有利可图的，但这些工厂本不是为此而设计的。他们没有炼造生铁必需的高炉，也没有焦炭做燃料，必然竞争不过我们。

买下它们对我们来说是有利的。我认为交易的唯一途径是，建议他们与卡内基兄弟公司合并。我们提出很公平的条件：他们建厂花了多少钱，我们就付多少。基于此，谈判很顺利。我们让他们选择是要现金还是入股，幸运的是，除了乔治·辛格，所有人都选择要现金。辛格先生后来告诉我们，他的合伙人很担心我们会提过分的要求。看到我们一视同仁，用1美元抵1美元时，他们才终于放下心来。

我们公司通过此次交易发生了大范围的重组。1886年新组建的卡内基-菲普斯公司负责荷姆斯泰德的钢厂。威尔逊和沃克公司归入卡内基-菲普斯公司旗下，沃克先生为总经理。我弟弟是卡内基兄弟公司的总裁。随着业务发展，我们又建了哈特曼钢厂，主要生产荷姆斯泰德钢厂不生产的某些型号的钢材。这时，我们已经能够制造各种类型的钢材了，小到线钉，大到20英寸的钢梁。我们丝毫不想涉足其他行业。

在这里，需要介绍一下我们的公司从1888年到1897年这10年的发展历程。1888年，我们投资2000万美元，1897年的投资要多出两倍多。1888年生铁的产量是60万吨，1897年翻了三倍。1888年，钢铁的日产量是2000吨，1897年发展到超过6000吨。焦炭炉在数量上也从5000座发展了三倍多，日产能从6000吨发展到1.8万吨。1897年弗里克焦炭厂拥有4.2万英亩的煤田，超过原来供货商的2/3。10年来，公司的飞速发展有目共睹的。在不断发展的国家里，像我们这样的公司如果停滞不前，就一定会被淘汰。

要生产1吨钢，必须开采1.5吨矿石，经铁路运输到100英里外的湖边，再船运几百英里，装车走铁路150英里至匹兹堡；还需开采1.5吨煤，制成焦炭，运到匹兹堡；另外还要开采1吨石灰石，经150多英里的路程运过来。在做了这些步骤后，我们怎样才能把3磅钢材的价格降到2美分，从中盈利？这似乎有点不太可能，但我们做到了。

不久，美国就从炼钢成本最高的国家变为最低的国家。甚至贝尔法斯特造船所也成了我们的客户。这才刚刚开始。美国已经能够生产出和其他国家一样便宜的钢材，尽管我们的劳动力成本很高。要保证美国的工人收入不低，他们才能安心、快乐地工作。

美国的竞争优势在于有一个很好的国内市场。单凭这点，他们就可以收回资本。倘若一个国家拥有很好的国内市场，特别是像我们一样做到产品的标准化，一定会在与外国产品的竞争中取胜。关于这一点，我在英国用"盈余法则"说明了这个问题，从此广为流传。

卡内基成功箴言

制造业成功的主要秘诀在于精妙的会计系统的引进和严格的执行。每个人都像爱护自己的家一样，对资金和材料具有责任感。在办公室的老板们会对自己职员花掉5美元斤斤计较，可是对每天消耗的成吨的原料却不以为然。

第十七章
荷姆斯泰德罢工

　　既然提到公司发展，就不得不提1892年7月1日发生的事件，我们的工人和董事会之间发生的严重冲突，我当时在苏格兰高地。26年来，我总是积极维护与工人间的关系。每当想起与他们亲密的关系，我都会感到自豪。有人说我在荷姆斯泰德罢工期间逗留国外，没有立刻回来支持合伙人，对此菲普斯先生在1904年1月30日的《纽约论坛报》给出了答复。大意是说我总对工人做出让步，不论他们提出的条件是否合理。因此，一两个合伙人并不希望我回来。[1]我很重视培养与工人的友情。从经济角度看，工资越高，他们就会越幸福，也会更尊敬老板，这其实是一项很好的投资。对工人让步会让你得到更多利润。

---

　　[1] 菲普斯先生的原文如下：

　　提问："据说卡内基先生因为胆小怕事，所以待在苏格兰不敢回来，不敢面对荷姆斯泰德罢工，是吗？"回答："当卡内基先生得知荷姆斯泰德发生暴动时，他马上发来电报表示要立即坐船回国。但是合伙人希望他不要回来。因为从公司的角度考虑，大家认为他不在为好。大家知道他总是倾向于接受工人的要求，不管是什么要求。""我知道商场上很多人都抱怨说卡内基先生当时逃避，但是合伙人却希望自己来处理这件事。"（1904年1月30日，亨利·菲普斯在《纽约论坛报》发表的文章）

由于贝西默平炉炼钢法的问世，钢铁业发生了翻天覆地的变化。旧设备不合时宜，我们于是花费几百万美元在荷姆斯泰德重新扩建了厂房。新设备的产量提高了60％。280名工人（他们的工资与产量同步）与我们签了3年的劳动合同，最后一年他们用上新设备，工资也随产量提高了60％。

公司提出把多出的60％重新分配，工人得到30％，其他用于公司补偿设备更新的费用。工人并没有增加劳动强度，是设备的更新促进了生产。这是既公平又慷慨的，工人本该很感激地接受。此时公司正在为美国政府生产装甲用的钢（这个任务我们已经推掉了两次），工期十分紧张。同时还要为芝加哥的展览中心提供材料。一些工人领袖得知情况后，坚持要求拿到全部份额，他们以为公司迫于压力一定会同意。然而公司没有同意，也不应该同意，这完全是勒索行为，或者说趁火打劫。我在的话，也不会同意这种敲诈行为。

公司就这件事的决策是完全正确的。与工人产生分歧时，我的原则是耐心等待，和他们讲道理，指出他们要求的不合理性，但是决不会找新员工来代替他们——绝对。然而，荷姆斯泰德钢厂的主管却面对这样的情况：3000名不涉及纠纷的工人向他保证他们能让工厂正常运转，而不希望与另外280名工人合作生产，因为这280名工人组成了一个联盟，只让"加热工"和"轧钢工"加入。

我的合伙人被这位主管误导了，事实上是主管自己先被误导了。由于他刚被提拔上来，没有太多经验。一边是少数人不合理的要求，另一边是3000人反对前者的无理要求，这让我们的主管很自然地认为3000名工人一定会信守承诺。这3000名工人中有很多人有能力也希望取代280名工人的位置——至少他是这样向我报告的。

开工生产是个决策性的错误。公司应该对两边的工人说："你们之间存在劳动纠纷，必须先内部解决。公司已经为你们提供了最优厚的待遇。矛盾不解决，公司就不会开工，但会为你们保留原来的岗位。"或者，主管也可以对这3000名工人说："如果你们想来上班而不顾安全，那就来吧。"这样一来就把安全责任推到了他们自己身上——当时3000名工人对抗280名工人。事实上，州政府派出了警力保护这3000名工人。280名工人团体的领袖大都残暴好斗，他们配有枪炮，对几千名工人形成了威胁。

这里引用一条法则："我们希望工人明白公司会耐心地等待他们主动回厂，不会用新人替换他们——不会。"优秀的工人不应该在大街上找工作。没能力的人才会游手好闲。我们重用的工人一般不会解雇，即使在萧条期也不会。在现代化钢厂，让新员工操作如此复杂的机器，是不可行的。老员工对新员工素有积怨，如今让新员工替换老员工，必然会让他们不再支持我们了，难道我们还能指责他们吗？

如果我在美国，可能也会和主管一样，想试探一下老员工是否会信守承诺地工作。但我的合伙人绝不应该让新员工立即上岗替代那280个人。正因为是老员工提出的要求，我的合伙人才那么做了。我们的规定是不用新员工，但现在是老员工要求，这并不违背原则。罢工者枪杀了政府官员后，我们第二次开工。现在可以轻松地说"当时要是等老员工主动回来再开工多好呀"。但宾夕法尼亚政府已经派了8000名士兵，控制了整个局面。

罢工期间，我正在苏格兰高地旅行，并不知晓此事。这件事带给我很大伤痛。在商场上只有荷姆斯泰德罢工给我留下了难以磨灭的痛苦回忆。这是不应该发生的事！当时的工人真是太过分了，操作新设备的工人每天的工钱可以从4美元涨到9美元——比以前多得太多。

在苏格兰高地时，我收到工人领袖发来的电报："尊敬的老板，请告诉我们你想要我们做什么，我们一定办到。"

这令我很感动。可惜太迟了，灾难已经发生了，工厂被政府控制了，一切都晚了。

这期间，我收到很多朋友的来信，他们向我表示安慰。以下是格拉德斯通先生的慰问信：

亲爱的卡内基先生：

对于您的恭贺，我和妻子一直心存感激。此刻我不能漠视你巨大的痛苦，你被人安上这样大的罪名，竟是因为你做出比从前更文明的举动。我希望你从这些不怀好意的媒体中伤中解脱出来。我想尽力为你做点什么，尽管只是一句话。我确信，尽管发生了这样的不幸，但凡认识你的人，都不会对你减少一丝一毫的尊敬和肯定。

当今社会，金钱就像魔鬼，吞噬人的道德，于情于理你都是在对此进行抨击，我支持你。

相信我。

真诚的 W.E.格拉德斯通

我举这个例子，也说明了格拉德斯通先生夸张的同情心，对万物的敏感很容易滋生同情心——比如他对那不勒斯人、希腊人，还有保加利亚人，或者患病的朋友。

公众不知道我当时在苏格兰，并不知悉罢工的事。卡内基工厂的工人被杀，这足以让我背上许多年罪名。不过还是有些令我欣慰的事。汉纳议员是当时全国市民联合会的主席，这是一个劳资双方共同参与的团体，具有调和双方矛盾的作用。奥斯卡·施特劳斯当时是副主席，他邀请我吃晚餐，并与这个团体的一些官员会面。此前，汉纳——也是我一生的朋友——突然去世了。我参加了晚宴，快散席时，施特劳斯先生提到汉纳先生职位的继承人问题，他建议由我接任。在场的几位工人领袖都站起来表示赞同。

我当时是多么惊讶和感激啊！我感到了工人们对我的信任和同情。但是荷姆斯泰德的暴乱，已经让全国都认为卡内基工厂是血汗工厂了。

我向官员们解释不能接受这项殊荣，因为我每年夏天都要避暑，而联合会则要一年四季解决可能发生的暴乱。我很为难，希望他们能明白这是我收到的最好的礼物——是治疗我心灵创伤的一剂良药。最后我说如果能让我加入执行委员会，一定会倍感荣幸的。大家一致通过了我的请求。从此我终于解脱出来，不再背负荷姆斯泰德骚乱的伤痛。

我很感谢奥斯卡·施特劳斯先生为我做出的辩护，他读过我早年关于劳工问题的文章和演讲稿，和工人们说话时总是引用我的话。晚宴上，有两位来自匹兹堡的工人代表——怀特和谢菲尔，他们也证明了我与工人们相处的融洽。

此后，工人们和他们的妻子在匹兹堡图书馆为我办了一场欢迎会，我做了一番推心置腹的演讲。其中一句我永远不会忘，那就是资本、工人和雇主就像三条腿的凳子，缺一不可。大家听后立刻响起了热烈掌声。工人及其家人的手重新和我握在一起。不过这件事过去一段时间后，我却得知了一段可怕的经历。

下面这件事发生在罢工之后，是我的朋友约翰·C.范·戴克（路特格斯大学教授）告诉我的。

1900年春，我从加利福尼亚湾的瓜伊马斯出发，去一个朋友的农场，与他会合后一起去索诺拉雷暴群山射猎。他的农场远离城市，我原以为除了几个墨西哥人，其他都是印第安人，但我惊讶地发现有一个说英语的美国人。他很寂寞，渴望与人交流，所以我很快就弄清楚他怎么到了这儿。他叫麦克卢基，1892年以前，他是荷姆斯泰德卡内基钢铁公司的机修工。他在那里被称为"高手"，有一份高薪，并组建了美满的家庭，拥有可观的资产。他受到了市民的拥戴，被推选为荷姆斯泰德的镇长。

1892年罢工期间，麦克卢基很自然站在罢工者一边。作为镇长，他下令逮捕那些私家侦探，这些人是来荷姆斯泰德保护工厂、维持秩序的。他向我解释说，这些侦探侵犯了他们的地盘，应该被逮捕并收缴武器。他的命令导致了流血事件的发生，使冲突变得更加严重。

众所周知，罢工最终失败了。麦克卢基被指控为凶手、暴徒、叛贼，以及其他不知名的罪责。他受伤挨饿，还被法院追捕，被迫逃往国外，希望等风头过去。然而他发现自己已经被列在美国钢铁

163

工人的黑名单上，走到哪儿也不受雇用。他的钱用光了，妻子死了。几经周折，他决定去墨西哥。我见到他时，他正在当地的几个矿上找活干。但是那儿要的是廉价的没有经验的劳动力，而不是像他这样优秀的机修工。知道了他的不幸遭遇后，我自然会同情他，像他这样的聪明人，实在不应遭受如此大的打击。

当时我并没有告诉他，我认识卡内基先生。但是麦克卢基并没有责怪卡内基先生，他跟我说了好多次，如果"安迪"在的话，事情也许就不会发展成这样了。他认为工人们和"安迪"的关系很好，决不同于其他的合伙人。

我在农场待了一周，晚上经常见到麦克卢基。离开这里后，我直接去了亚利桑那州的图森，在那里给卡内基先生写了封信，告诉他有关麦克卢基的事。我还说很同情那个男人，觉得他受到的惩罚太重了。卡内基先生立刻回信，在信纸的页边，用铅笔写了几行字："请给麦克卢基一笔钱，他想要多少给多少。但是千万不要提我的名字。"我立刻给麦克卢基去信，要给他一笔钱，以便他重新生活。他谢绝了。说要自己打拼出一条路来，这就是美国精神。我很敬佩他。

我记得后来和一位朋友（索诺拉雷暴铁路公司的总经理）说起麦克卢基。他在铁路部门的钻井队找到了工作，而且干得很出色。一年后的夏天，我又在瓜伊马斯见到了他，他负责维修一些铁路设备。他变化很大，看上去很幸福，而且又娶了一位墨西哥妻子。他现在的情况很好，所以我想说出实情，好让他明白当初打压他的人并不是不近人情。所以在我们分手时，我说：

"麦克卢基，我想让你知道曾经想给你钱的人不是我。是安德鲁·卡内基。是他要我转交给你的。"

麦克卢基惊呆了,语无伦次地说了一句:"什么,是那个该死的白头发的安迪?不会吧?"

我知道麦克卢基是一个好人。据说他在荷姆斯泰德的资产值3万美元。枪杀警官后,他作为一镇之长,又是荷姆斯泰德工会主席,必须被逮捕。他不得不逃亡,放弃这里的一切。

这个故事刊登出来后,又发表了一则幽默故事,因为我曾当众宣布碑文上只刻麦克卢基给我的评价,这足以证明我对工人们是多么仁慈友善。

卡内基成功箴言

从雇主的利益出发,他的工人应该得到高薪和稳定的工作。浮动工资制度可以让公司应对多变的市场行情,有时还有助于稳定内需,维持工厂的正常运作,这些对工人是最重要的事。

第十八章
劳工问题

我想列举几件由我亲自处理的劳资纠纷案例，作为劳资道德标准的参考。

一次，高炉车间的工人发表"联名声明"，宣称如果公司在周一下午4点前还不给他们加薪，他们就会罢工。这些人的合同离到期还有好几个月。我想如果他们执意撕毁合约，另一份合同对他们来说也是没意义的，我还是决定连夜从纽约出发，于第二天赶到工厂。

我让主管把三个部门的工会代表找来——不仅有高炉部，还有轧钢和吹炼部。我很客气地招待了他们。这种和气不仅仅真是一种修养，我是乐于见工人的，与他们一起我总是很开心。越是深入了解工人，越能感受到他们高贵的品质。然而，他们也有偏见和"红布"（易被激怒的事物），这是应该注意的，因为偏激的根本原因是无知，而非敌意。代表们在我前面坐下围成一个半圆，我们都摘下了帽子，宛如一个典型的聚会。

我对轧钢部门的工会主席说："麦克凯先生（他是一位老先

生，戴着眼镜），我们之间有一个到年底的协议，对吗？"

他慢慢摘下眼镜，拿在手里，然后说："是的，先生，你也没有足够的钱让我们毁约。"

"不愧是一位美国工人说的话，"我说，"我为你自豪。"

"约翰逊先生（吹炼部工会的主席），我们之间也有一份这样的合同，是吗？"

约翰逊先生是一个瘦小的人，他沉着地说："卡内基先生，如果我要签一份合同，就一定会仔细看好，如果我认为不合理一定不会签名，但如果是合理的，我不但会签，还会努力做到。"

"又是一个有自尊的美国工人。"我说。

轮到高炉部的工会主席凯利（他是一个爱尔兰人），我问了他同样的问题："凯利先生，我们是否也有一份到年底的合同呢？"

凯利说他不太清楚。他曾在一张纸上签过名，但他根本不知道那上面说的什么。主管琼斯船长是一位出色的经理，只是个性有些冲动，他突然大声说道："凯利先生，你当然知道内容，我为你读了两遍，还和你讨论过其中的内容！"

"冷静，船长！凯利先生有权解释。我也曾在许多没看过的纸上签名——那是我的律师及合伙人让我签的。我们应该理解凯利先生的这种情况。但是现在，我认为最好的解决办法是把现有的合同履行完毕，再认真看好下一份合同。你是否同意我的看法？"

他不说话了。我站起来说："高炉部的先生们，你们威胁公司在下午4点前给你们肯定的答复，否则就会撕毁合同，离开高炉部（这意味着灾难）。现在我提前给出了答复。你们可以离开。公司不会对你们的威胁做出让步。工人们最糟的一天莫过于自己撕毁合同。这就是给你们的答复。"

工会的人陆续离开，剩下的管理人员都沉默不语。一个前来联系业务的陌生人在过道里遇到了工会的人，之后他进来告诉我们说："我进来之前，看见一个戴眼镜的人推了另一个叫凯利的人一把，说，'你们这帮家伙知道了吧。别想在这里要什么猴把戏。'"

这意味着问题解决了。从一个职员那里，我知道了高炉车间的后续情况。凯利他们回去时，工人们早就聚在那里等待着。

凯利冲他们吼道："干活去，你们这帮没用的蠢蛋，站在这儿干什么？见鬼，那个小个子的老板，他不会宣战，只会用沉默对抗。见鬼，干活去，蠢货们。"

爱尔兰人和兼有苏格兰和爱尔兰血统的人都有点古怪。但如果了解了他们的性格，就能与之成为最好的伙伴。凯利后来成为我忠实的朋友，以前他可是工厂里最暴动的一个。经验告诉我们必须依靠大多数的工人，只要他们还没有决定与他们的首领站在一起。他们对首领的愚忠，有时也值得我们钦佩。倘若产生忠诚之心，人就会愿意做任何事。所以我们需要的只是得到公平的对待。

我们有过一次有趣的解决罢工的经历。一个部门的134名工人暗地集结起来，要求在年底加薪。当时经济很不景气，其他一些钢铁公司都在压缩工资。然而，我们的工人经过密谋，宣布用停产来威胁我们加薪，并声称会坚持到底。在当时的情势下，我们不可能同意，结果工厂停产了，其他部门的工人也纷纷响应。

高炉处于关闭状态，我们彻底陷入困境。

我赶到匹兹堡时，惊讶地发现高炉熄火了，这是违反合同的。我打算马上与工人们见面，但他们却给我送来一张字条，说他们已经离开高炉部，只能明天来见我。这简直就是给我的下马威！

我回答道："不，告诉他们我明天不在这儿了。总是玩罢工的鬼把戏。这些人总有一天会想开工的。那时我就会告诉他们，必须依照产品售价制定浮动工资，否则公司不会开工，并且至少维持这个标准三年。我们再也不会对工人让步。我们已经被迫让步太多次了。现在该轮到他们让步了。"

"现在，"我对合伙人说，"我决定下午就回纽约去。不必多说什么了。"

工人们听到我的口信后不久，就请求在我离开之前见我一面。

我回答："当然可以！"

他们来了。我说："先生们，你们的主席班尼特先生也在这里，他跟你们保证我会为你们解决问题，因为我总是这样。他说的没错。他还说我不会与你们发生冲突，这也不错。他真是了不起的预言家。但有有一点他预料错了，我并不是不敢同你们对抗。先生们，"我瞪了班尼特先生一眼，举起握紧的拳头，"他忘了我是苏格兰人。但我永远不会和你们作对。因为我知道比对抗更好的解决办法。我不与你们做对，但是我能击败任何工会。只有2/3的人投票通过时，我们才会开工。就像我早上说的那样，开始实行浮动工资制。我想说的就这些。"

他们散了。两周后，在我纽约的家中，仆人拿给我一张拜帖，上面有三个工人的名字，其中还有一位德高望重的绅士。男仆说他们从匹兹堡来，想见我。

"去问问他们是不是反对协议，把高炉熄灭的人。"

男仆回来后说："不是。"我回答："那你去告诉他们，我很高兴欢迎他们前来。"

他们受到我真诚热情的接待，他们第一次来到纽约，我们于是谈论着这个地方。

"卡内基先生，我们此行是想与你谈谈工厂的事情。"这位绅士终于谈到主题。

"哦，是吗！"我问道，"工人们投票了吗？"

"没有。"他说。

于是我说："那就不要和我讨论这件事。我说过，除非2/3的工人同意，否则不会开工。你们还没有逛过纽约吧。我带你们出去转转，见识一下第五街和中央公园。下午再回来吃午饭。"

一路上我们谈论各种话题，除了他们最想谈的那个。我们玩得很开心。他们对午餐也很满意。美国工人有一个最大的特点，那就是当他坐下和大家一起进餐的时候，会把自己当作一位绅士，变得举止文雅、彬彬有礼。这是很好的传统。

他们回匹兹堡之前，再也没提过工厂的事。不久工人就开始投票表决（只有极少数人投反对票）。我又去了匹兹堡，把新的工资标准拿给工会过目。这是一项以售价为标准制定的浮动工资制。由此，劳资双方就成了真正的合作人，祸福同享，荣辱与共。当然，我们也规定了最低工资，以保证他们的基本生活。由于工人们早已明白这些规定，所以不必仔细研究其中的内容。

这时工会主席说："卡内基先生，我们接受全部条款。但是，"他犹豫地说，"我们有个要求，希望你能接受。是这样，我们想请您允许由工会的头领们来替工人签这些合同。"

"当然可以，先生们，我很乐意！不过我也想请你们帮个忙，希望你们也能接受。那就是各位头领签好名后，再让工人们自己签名。你知道的，班尼特先生，对于一份长达三年的合同，有些工人，或者有很多人会可能认为工会无权代表他们，如果我们让他们自己签名，就不会有误会了。"

沉默了一会，班尼特先生身边的一个人对他耳语（我听得真真切切）："天啊，全完了！"

于是在没有正面交锋的情况下，婉转地平息了风波。如果我不允许工会签名，他们可能会因此挑起事端。既然允许他们的请求，他们又怎能拒绝我的请求呢。每一个自由独立的美国公民都有为自己签名的权利。后来工会头目们并没有签名，既然每个工人都被要求签名，他们又何必代签呢？后来，工人便不再交会费，工会也就此解散了。从此，我再没听到过有关工会的什么事了。（那事发生在1889年，距今已27年了。这项工资制度一直没有改变。工人也不愿意改变，正如我所说的，它对双方都有利。）

浮动工资制度是我处理劳工问题的最大创举。它有效解决了劳资问题，让双方成为合作伙伴——共享利润、共担风险。匹兹堡地区早年采用年终结算的工资制度，这并不是一个好方法，因为工人和企业家之间总会做一些定期爆发的准备。最好的解决办法就是，不对已达成的协议规定期限。经过六个月或一年的实践，如果运行正常，就可以把这种方式延用许多年。

有时一些不起眼的事也会起到有效作用，我举两个例子。一次，我去见一个工人委员会，他们提出的要求很无理，有人告诉我，他们是被一个人煽动了，这个人在上班的同时还秘密经营着一家酒吧。此人欺侮弱小，老实巴交的工人都怕他，许多人欠了他的酒钱。他是此次暴动的罪魁祸首。

我喜欢见到工人，常与他们进行友好的会面，他们中的很多人我都能叫得出名字。我和工人首领相对而坐。当我把自己的观点陈述完之后，看见这个首领从地上拾起帽子，慢慢戴在头上，暗示他准备走了。我抓住机会说："在场的都是绅士！请你把帽子摘下，不然就请离开这里！"

我注视着他。现场一片寂静。他有些迟疑，无论怎样，他都被打倒了。如果他就这样戴上帽子不礼貌地离开，他就不是一位绅士；如果选择摘下帽子，又会因颜面尽失而挫败。我不在乎他会怎么选。他已经注定失败了。他慢慢地脱下帽子，放回地板。接下来的会议中，他一言不发。后来我听说他辞去了工人领袖的职位。这次纠纷顺利和平地解决了。

当我提出浮动工资制度时，工人选出了一个由16人组成的委员会同我们协商。起初没什么进展，于是我说有急事要办，必须第二天赶回纽约。后来工人要求我同他们32人的委员会谈判，他们增加了人数——这说明他们的内部产生了分歧。我当然同意了。我们在匹兹堡的办公室见面。先发言的是一名很优秀的工人比利·爱德华兹（我对他印象深刻，他后来被提拔到一个很高的职位），他认为合同总体上是公平的，只有少数不合理的地方。

比如有些部门能得到好处，另一些部门却受到不公平对待。大多数人都这么看。但是让他们明确指出不公平之处时，就存在分歧，各自都站在自己的立场上。

比利说："卡内基先生，我们接受按产量计报酬，但我们认为在分配上不合理。现在，卡内基先生，你可以把我解雇——"

"冷静，冷静！"我喊道，"比利，卡内基先生'不会解雇任何人'。你们都是一流的技术工人。解雇你们是不可原谅的错误。"

现场一阵大笑，同时伴随着热烈的掌声。我也和他们一起笑了。我们给了比利肯定的评价。争端很快解决了。解决劳工问题，金钱并不是唯一、主要的解决办法。欣赏、友善和公平的对待——常是笼络工人的有力武器。

老板只要花一点点钱，就能为工人做很多有意义的事情。一次会议上，我询问能为他们做些什么。比利·爱德华兹站起来说，由于他们是按月领工钱，所以买东西总是欠账。

他是这样说的："我有一位贤妻。一到月底，我们就会利用周六下午的时间去匹兹堡，批发购买整月的日用品，这样能节省1/3的开支。然而许多人都做不到这样。这儿的店主要价很高。这里的煤也很贵。如果您能半月发一次工钱，就是为工人们造福了，这相当于增加至少10%的工资。"

"爱德华兹先生，就这么办吧。"我回答。

这会增加工作量和更多的办事员，但不是什么大事。关于物价高的问题，为什么不让工人自己开一个合作商店呢？于是我着手安排——由公司支付店面租金，工人自己经营打理。于是布拉德道克斯合作社出现了，它的价值体现在诸多方面，至少让工人们了解到做生意不是容易的事。

我们也解决了煤的问题。我们同意以进价卖给工人（相当于市场售价的一半），同时安排送货上门——但是运费由工人出。

我们发现工人的储蓄问题也让他们伤脑筋。美国当时不像英国，没有像邮政储蓄那样的权威银行，工人不放心把钱放在银行。我们于是给他们提供保管积蓄的服务，只要账户上达到2000美元，就给6％的利息，借此鼓励他们存钱。公司把他们的钱单独立项，作为信托基金。需要建房时，他们还可以从这里借钱。这对勤俭节约的工人来说，真是一件好事。

这种事也是公司做出的最有利的投资，即使从经济角度来说。为你的工人做一点合同之外的事情是划算的。正如我的合伙人菲普斯先生所说，"你总是过分满足工人的要求，也不管是否合理。"回顾我真希望能为工人多做一点——更多一点。与工人的良好友谊，并非金钱所能买到的。

很快我们就拥有了一支无可匹敌的工人队伍。争吵和罢工已成为过去。如果荷姆斯泰德的工人是我们的老员工，1892年的罢工可能就不会发生了。采取浮动工资制是从1889年开始的，一直沿用至今（1914年），期间没有发生任何劳工纠纷。如我前面所说，工会解散了，因为已经签订了三年的合同，也就没有必要再交会费了。另一个更好的组织取代了它——劳资间的联谊会，这是一个对双方都有利的组织。

从雇主的利益出发，工人也应该得到高薪和稳定的工作。浮动工资制可以应对多变的市场行情，还有助于稳定秩序，维持工厂的正常运作，这些对工人是最重要的事。高薪固然好，却不及稳定的工作踏实。我认为，埃德加·汤姆森钢厂的劳资关系是很不错的。有人告诉我，三班倒的制度一定会实现。随着时代的发展，工作时间定会缩短。8小时工作制一定会实现——8小时工作，8小时睡觉，8小时用来休息和娱乐。

就我的经验来看，劳工问题并不单纯是报酬问题。我认为防止争端的最好办法是，肯定他们的工作，关怀他们的生活，欣赏他们的成功。这是发我的真心话——和工人见面（并不单为解决纠纷），我总是很高兴，越了解他们，就越爱他们。他们身上有老板所不具备的优点，彼此之间也更大方。

相比资本家，工人是明显的弱者。老板关闭工厂，多半只会在短期内没有利润。他的生活不会改变，吃、穿、娱乐——都不用愁。可是工人一旦失去谋生手段，就要忍受痛苦的煎熬。他无力抚养妻儿，生病时得不到正常的治疗。我们需要保护的不是资本家，而是无助的工人。如果重返商场，我关心的主要问题将不是劳工问题，而是如何善待穷苦的人们，他们心地善良，尽管有时被误导，但我会用心去温暖他们。

荷姆斯泰德暴乱之后，我回到匹兹堡，遇到了一些老员工，他们没有参加这次暴乱。他们说，如果当时我在的话，罢工就不会发生。我告诉他们公司已经给出了最优厚的待遇，我也不可能提供更多。我在苏格兰收到他们的电报之前，政府已经派出警力，所以这件事后来已经不是我们所能控制的了。

我又补充说："你们被误导了。我的合伙人给出的条件应该接受。那已经很慷慨了。如果是我，不知道会不会如此慷慨。"

一个轧钢工人对我说："卡内基先生，这不是钱的问题。工人可以让您踢他们的屁股，但是绝不允许别人动一根头发。"

实际生活中，情感因素总是起着重要的作用。不了解工人的人，是不会相信的。但是我敢肯定，关于劳资纠纷，薪酬因素只占一半。雇主一方缺乏对员工的赞赏和友善，才是问题所在。

很多罢工者都被起诉，不过我回来后很快就撤诉了。所有没有参加暴乱的老员工都被找了回来。在苏格兰时我就催促让施瓦布先生赶紧回荷姆斯泰德。他刚被提拔到埃德加·汤姆森钢厂。他很快就让工厂恢复秩序与平静。要是他一直留在荷姆斯泰德，事情可能就不会变得这么严重。"查理"关心工人，工人也爱戴他。但这里仍然有无法调和的人员因素，有些工人是我们以前拒用的，在我们买下荷姆斯泰德工厂之前，他们就已经是这里的员工了。

卡内基成功箴言

解决劳工问题，金钱并不是唯一的、主要的解决办法。欣赏、友善和公平的对待——这些常是笼络工人的有力武器。

第十九章
《财富的福音》

拙著《财富的福音》出版后，我如书中所述，不再为了财富而奋斗。我决定停止积累财富，开始崇高而艰巨的捐赠工作。我们的年利润已经达到4000万美元，还在稳步上升，前景相当乐观。后来美国钢铁公司买下了我们公司，年纯利润达到了6000万美元。如果我们不把公司卖掉，按计划发展，估计可以达到7000万美元。

钢材已经成为建材之王，它的前途一片光明。我的捐赠任务却漫长而艰巨。莎士比亚有一句经典的话，让我坚定了信心——

"捐助可以减少挥霍无度，每个人都能分享快乐富足。"

在这个节骨眼上（1901年3月），施瓦布先生问我，摩根先生想知道我是否真打算退出商界，如果是，他愿意买下公司。摩根先生还说他已与我的合伙人谈过，给出了很优厚的条件，他们都有意出售。既然我的合伙人都愿意卖，我也同意，终于我们卖掉了公司。

出售过程中，有些投机商采用欺诈的手段，扮作诚意的买主混了进来，悬出高价（100美元1股），我拒绝了这些普通股。如果我这样做，可以多得100万美元，比后来摩根先生给我的5%的股份还多。后来证明我要求这笔额外的钱是完全正当的，因为此后，普通股要连续按5%支付[1]。我比从前更忙，忙于捐赠。

我的第一项捐助是给我们的工人的。下面是我的捐助声明：

纽约，1901年3月12日

我即将退出商界，为答谢为我的事业做出过巨大贡献的人，我的第一笔捐助400万美元将会用以救济发生意外事故的工人，为让他们安度晚年尽绵薄之力。

另外拿出100万美元，用于维持工人图书馆和礼堂的开销。

作为答谢，荷姆斯泰德现在的工人给我写来下面这封信：

宾夕法尼亚，1903年2月23日

安德鲁·卡内基先生

纽约

亲爱的先生：

---

[1] 卡内基钢铁公司按卡内基先生自己的报价卖给了摩根先生。有一些这样的说法，认为卡内基先生为求高价拖延时间。1912年1月的众议院委员会上，卡内基先生说："我认为这很公平：这是摩根先生自己做出的选择。一切都是由施瓦布先生洽谈安排的。在这件事情上，我一直没有见过摩根先生本人或者与他相关的人。他和我之间也没有任何的交流。我草拟了买卖契约书，摩根先生看过后认为很公平。后来很多内部人士透露，我将可以轻而易举地拿到100万美元。只此一次，我希望可以平息有关卡内基先生'强行抬价'的言论。"

荷姆斯泰德钢厂的全体工人，希望通过这种方式，通过我们的委员会，对您建立"安德鲁·卡内基救济基金"的善行表达最诚挚的谢意。基金会第一年的运作报告已于上月呈报给您。

您总是对工人关怀备至，这让我们无法用言语来表达对您的感激之情。我们相信您会通过各种形式做善事，"安德鲁·卡内基救济基金"只是第一步。在这个看似黑暗而丧气的国度里，您让我们对人性有了重新的认识。

您真诚的委员会成员：

哈里·F.罗斯，轧钢工

约翰·贝尔，铁匠

J.A.霍顿，计时员

沃尔特·A.格瑞格，电工

哈里·库塞克，调车厂厂长

露西高炉的工人还送给我一件精美的银器，上面刻着：

安德鲁·卡内基救济基金

露西高炉

鉴于安德鲁·卡内基先生在慈善事业中，慷慨大方，建立了"安德鲁·卡内基救济基金"，造福卡内基公司的员工。露西高炉的工人们为此召开专门会议，决定向安德鲁·卡内基先生表达最诚挚的感谢和最崇高的敬意。

祝愿他健康长寿，前程似锦！

委员会成员：

詹姆士·斯特科，主席

刘易斯·A.哈金森，秘书

詹姆士·戴利

R.C.泰勒

约翰·V.沃德

弗雷德里克·沃尔克

约翰·M.维吉

不久我就去了欧洲，同伴们都来为我送行。但是，天呐！对我来说，一切都不一样了！我清楚地意识到这一点。分别实在痛苦，分别之中似乎还有诀别的感觉。

几个月后，我回到纽约，感到世界全变了，欣慰的是见到工人们在码头为我举行的欢迎仪式——他们还是我的好朋友，我失去的是合伙人，不是朋友。这一点很重要。我现在考虑的是如何明智地分配财产。这让我产生了极大的兴趣。

一天，我在一份知名报纸《从苏格兰来的美国人》上看到这样精辟的话："为了织一张网，上帝送来一根线。"

这就像是专门为我写的。我记住这句话，决定织第一张网。

上帝果然送来了一根线。J.S.比林斯博士，作为纽约公共图书馆的代表来找我，我立即拿出525万美元，为纽约市修建了68座图书馆分馆。随后又为布鲁克林捐助了20多座图书馆。

我前面提到过，我的父亲是创办丹佛姆林图书室的5名先驱之一，他们将自己有限的书籍借给邻居。我继承了父亲的意愿，为故乡捐助了一座图书馆（母亲参加了奠基仪式），这是我第一笔捐助。后来又为阿尔勒格尼（我们在美国的第一个家）捐助了一座公共图书馆和礼堂。哈里森总统特意从华盛顿赶来，陪我一起举行了开放庆典。不久，匹兹堡需要一座图书馆，我也同意捐赠了。我还为匹兹堡捐款修建一座博物馆、美术馆和几所技术学校，还有玛格丽特·莫里森女子中学。这些建筑于1895年11月5日对公众开放。我的财产主要捐给匹兹堡，至此已是2400万美元。相对于匹兹堡给我的财富来说，我的捐助只是很少的一部分，这也是它应该得到的。

第二笔大额捐款用于创立华盛顿卡内基协会。为此我在1902年1月28日拿出了1000万美元。与罗斯福总统商议后，邀请了国务卿约翰·海先生担任协会主席。海先生很乐意地接受了。在他的建议和邀请下，艾布拉姆·S.休威特、比林斯博士、威廉·E.道奇、伊莱休·鲁特、希金森上校，D.O.米尔斯、S.米尔·米切尔博士以及其他一些人担任理事。

当我把这份成员名单（都是社会名流）给罗斯福总统过目后，他评论说："你不可能再弄出一份同样的了。"他对基金会给予了大力支持，并于1904年4月28日将它归入一项国会法案：

要以最博大慷慨的方式，鼓励调查研究、考察发现，以及有利于人类发展的事业，特别是引导、捐助和支持涉及科学、文学、艺术领域的研究工作，最终与政府、综合大学、专科院校、技术学校、学术团体和个人建立合作关系。

对于该协会的功绩，众所周知，不再赘述。不过在此期间发生了两件不寻常的事，我想提一下。当时，协会派出"卡内基号"（一只木材和青铜制成的船）进行环球旅行，旨在纠正早期海洋勘测发生的错误。随着指南针技术的改进，很多海洋勘测都被发现有误。青铜是非磁性的，而早期船体使用的钢铁具有很高的磁性，因此从前的探测设备本身就不可靠。有一件值得关注的事，一艘卡纳德号汽船在亚述尔群岛搁浅了。"卡内基号"船长彼得斯对这个事故展开调查。结果发现这艘汽船是完全按照海军部地图提供的航线行驶的，所以船长没有任何过错。问题出在以前的观测资料不准确。发现的错误很快得以改正。

这是众多修订报告中唯一上报国家的一例。他们的致谢是对我们最大的回报。我希望年轻的共和国有一天能够在某种程度上回报这些捐赠。欣慰的是，它现在已经在朝这方面努力了。

"卡内基号"一行取得了很大收获，我们在加利福尼亚州海拔5886英尺高的威尔逊山设立了一个天文台，由黑尔教授全权负责。

在威尔逊山上拍摄的照片中发现了一些新星。第一张照片发现了许多新的球体（我认为有16个）。第二张里可以找到60个。而第三张里估计有100多个——据说其中有一些比太阳还大20

倍。有一些星星离我们太远，大约有8光年。我们必须承认"我们所知道的微不足道，未知的世界浩瀚无穷"。随着技术的不断更新，观测仪会更加先进，到时还会发现什么呢！我敢肯定就连月球上的物种也会清晰可辨。

第三笔捐助是英雄基金会，我用心投入了这件事。我听说匹兹堡附近的一处煤窑发生了严重事故。前任主管泰勒先生，尽管已不在那里工作，闻讯依然立刻赶到现场，希望能帮上忙。他带领志愿者下窑营救难工，却付出了自己的生命。

这种英雄的壮举令我久久不能平静。密友理查德·沃森·基尔德先生寄给我一首诗，写得很美很真，我读了又读，终于决定创立英雄基金会。

在和平年代有人说：

当战鼓停击，战争结束时，这片土地上就不再有英雄事迹。

请不要轻巧地说出英雄这称号，

一只高举胜利的手犯下多少罪恶，

多少无辜的生命葬送在他的手里。

妇人苍白而颤抖的脸容，

面对男人的耻辱，岩石般坚强。

孩子默默地忍受着痛苦，

唯恐母亲把心伤。

学者冒险与宗教背离，

为争取英雄的真正含义。

和平年代的英雄，

是法律的卫士，让世界为他鼓掌。

牺牲自己年轻的生命，

换来千万人的幸福。

我拿出500万美元，用来奖励英雄事迹，或赡养为挽救他人生命而牺牲的英雄的家属，或救济在意外事故中受害的家庭。基金会成立于1904年4月15日，取得了很大成效。我如慈父般呵护着它，因为发自内心地在乎它。据我所知，这个创意是唯一的，它是"我的孩子"。后来，我又把它发展到我的故乡英国，由丹佛姆林总部——卡内基丹佛姆林信托理事会负责管理，也取得了辉煌成就。后来还拓展到法国、德国、意大利、比利时、荷兰、挪威、瑞典、瑞士和丹麦。

有关这项事业在德国的情况，我们驻柏林大使大卫·简·希尔给我来了一封信：

我写这封信是为了告诉你，德国国王对英雄基金很满意。对基金会的创意和你的慷慨，给予了高度评价。他不敢相信基金会竟发挥了如此重要的作用。他讲了许多真实感人的事迹。其中一个是这样的，一年轻人救了一名溺水的男孩，他把男孩放进一只小船里，自己却因体力不支，沉入水底。他留下了年轻美丽的妻子和一个嗷嗷待哺的儿子。英雄基金帮助他的妻子开了一间小店维持生计，还资助了他儿子今后的教育费用。

184

瓦伦提尼（政府内阁的最高长官）起初对英雄基金的作用表示怀疑，现在成了热心的支持者。他说委员会的全体成员都愿意尽最大努力来支持这个事业。他们愿意同英、法的委员会一道，保持联系，共同商议。他们被美国的基金事业深深感染，也决定效仿。

英国的爱德华国王对英雄基金表示赞许，并给我来了一封亲笔信，表达我为故乡所做贡献的感激之情。如下：

温莎城堡，1908 年 11 月 21 日

亲爱的卡内基先生：

我一直想向您表达感激之情，感谢您为我们国家，也是您出生的国家，做出这样慷慨的捐助。

为了使这笔基金能恰当的使用，您所付出的努力令人钦佩。

您的慷慨善举和取得的成就，感动了整个英国，也让我感到温暖。

我希望您能接受我的个人画像，聊表对您的赞赏。

敬祝！

爱德华

美国的一些报纸对英雄基金表示怀疑，还对第一年的运作报告进行挑剔，但这一切都过去了，如今它已受到公众的热烈赞许和支持，证明了自身价值，并将长期发挥作用！在野蛮时代，打

杀同类被视为英雄之举；而今文明社会，挽救生命才是英雄所为。这就是野蛮与文明、物质与精神的差异。那些互相残杀的英雄很快被遗忘，文明时代的英雄则永垂不朽。

英雄基金的主要帮助形式是发放抚恤金。用于抚恤英雄、他们的遗孀或孩子。起初，有人对此持错误观点，认为基金会的目的在于，以提供奖金为诱饵，鼓励英雄行为。这简直荒谬至极！真正的英雄不图回报。他们考虑的只是挽救别人脱离险境。基金的本意是以适当方式，向伤残英雄或死难英雄的家属表示慰问。基金会有一个很好的开端，并将随着人们对它的正确认识，不断完善成熟。今天我们在美国的捐助名单上，已经有1430位英雄和家属。

我在老部下中挑选了一位做英雄基金会的主席，他就是查理·泰勒。做这份工作拿不到一分钱。但是他热爱这项事业，我完全相信为了它的发展，他会愿意投入大量的精力和金钱。所以他是最合适的人选。有了维尔莫特先生的协助，查理还兼职负责卡内基工人救济基金（卡内基救济基金）、铁路工人救济基金（我原来工作过的宾夕法尼亚铁路公司匹兹堡分部）。

查理经常劝我捐助，一天我终于逮到了一个"报仇"的机会。查理毕业于里海大学，对那里有着深厚的感情。里海大学想要建一座礼堂，查理来做说客。我绕过他，给君克校长说我同意捐助，但必须由我给礼堂命名。校长同意了，名字是"泰勒礼堂"。查理发现后，跑来找我抗议，说这让他无地自容，他的名字不配拥有这样的荣耀云云。看到他窘迫的样子，我开心极了，说我一定叫它"泰勒礼堂"也许会有点难看，但为母校做出点贡献也是应该的。要么牺牲"泰勒"的名字，要么放弃为母校谋福的机会。将来到此参观的人会想知道"泰勒"是谁，都会认为他是里海大学的优秀学生，认为他不仅口头上为校友传道讲学，更体现在行动上的慷慨资助。

卡内基成功箴言

我们需要保护的不是资本家而是无助的工人。如果重返商场，我考虑的主要问题将不是劳工问题，而是如何善待穷苦的人们，他们心地善良，尽管有时会被误导，但是我会用自己的心去温暖他们的心。

第二十章
教育和养老基金

　　1905年6月，我捐出了第四笔大额捐助——1500万美元，用作大学教授的养老基金（用于发展教育事业的卡内基基金），需从美国各大学院的校长中选出25人担任理事。当24名校长（芝加哥大学的哈珀校长因病缺席）聚集在我家共商此举时，顿感蓬荜生辉。弗笺克·A.范德里普先生在基金会创办之初，做出了重要贡献（这得益于他在华盛顿期间积累的丰富经验）。基金会主席亨利·S.普利切特博士也是一位不可或缺的人物。

　　我很重视这项基金——因为能够从中认识许多人，他们有资格从中受益。尽管教师是最受尊敬的职业，待遇却是最不公平的。他们将自己的一生奉献给教育事业，却只有微薄的薪水。我刚担任科内尔大学的理事时，震惊地发现教授们的薪水竟那么少，甚至比我们公司某些职员的薪水还低。靠节约来养老是不现实的。大学没有养老基金，只能让本该退休的老教授继续工作，不管他们能否继续胜任。养老基金的作用是不容置疑的[1]。第一

　　————————

　　[1] 到1919年，基金的总额是2.925亿美元。

批受益人就说明了这一点，这其中不乏誉满全球的学者，曾为人类知识的传播做出杰出贡献。很多受益人及其遗孀给我写来感人肺腑的信。我一直保留这些信，它们是我忧郁时的良药。

我在丹佛姆林的朋友托马斯·肖先生写了一篇文章，发表在一家英国评论性的期刊上，反映出许多苏格兰穷人没有能力负担孩子上大学的问题。读罢肖先生的文章，我决定拿出1000万美元，一半用于资助贫困孩子上学，另一半用来发展学校的基础设施。

1902年在苏格兰国务卿驻爱丁堡的办事处，这项基金（卡内基苏格兰大学信托基金）的理事会第一次会议召开了，会议由巴尔弗勋爵主持。与会者还有社会名流——巴尔弗首相、亨利·坎贝尔·巴内曼爵士（后来成为首相）、约翰·莫利（现为莫利子爵）、詹姆士·布赖斯（现为布赖斯子爵）、埃尔金伯爵、罗斯伯里勋爵、雷勋爵、肖先生（现为肖勋爵），还有丹佛姆林的约翰·罗斯博士，以及其他各行各业关注着教育事业的人。我解释说，读了近期理事会的报告后，我不希望这项基金由苏格兰的大学管理。巴尔费先生立刻同意，埃尔金伯爵也是参与调查的理事之一，完全赞同了我的看法。

埃尔金伯爵认为基金管理细则不够严密和明确。他想知道自己的具体职责是什么。我给了理事会较大的自主权，随着时代进步，一旦苏格兰用于支持教育的项目和方式不再使用，他们就可以变更受益对象和申请方式。巴尔弗勋爵和埃尔金伯爵的看法一致。巴尔弗首相也说从没听说给管理人这么大的权力。他希望能够制订具体方案。

"是的，"我说，"巴尔弗先生，我从没听说过有哪个法律能够适用于后代，甚至有时连他们自己这一代都不适用。"

会场立即爆发一阵笑声，首相自己也大笑起来，并说道："你说得很对。但是，我想你是捐助者中第一个如此明智、有远见的人。"

我建议只要理事会过半数赞同，就可通过审议。巴尔弗勋爵则建议不少于2/3。这个建议得到了全体成员的一致同意。我想这应该是个很明智的决定，以后会得到证明的。丹佛姆林的埃尔金伯爵义不容辞地担任了基金会主席之职。当我告诉巴尔弗首相，我希望让埃尔金来担此重任时，他马上说"你在英国找不出比他更合适的人了"。

对此，我们都十分满意。问题是：我们上哪儿去给他找助手?

无巧不成书，亨利·坎贝尔·巴内曼爵士、埃尔金伯爵、约翰·罗斯博士，还有我，被选为议员，授予了丹佛姆林荣誉市民称号，又都成为苏格兰的大学基金理事。不过现在，又多了一位女士，那就是卡内基夫人，她热爱丹佛姆林如同自己的故乡。

1902年我当选为圣·安德鲁斯大学名誉校长，这是我一生中最重要的时刻。大学对我而言是一个完全陌生的领域。第一次与全体教员的见面给我留下了深刻印象，自圣·安德鲁斯大学建成近500年来，历任校长都是德才兼备，而如今我也能坐在这里。为准备发言稿，我查阅了校长们的演讲记录。其中有一段很精辟，那是斯坦利校长给学生们的建议，"到伯恩斯的诗中寻找你们的信仰"。作为教会权贵，又是维多利亚女王的亲信，他大胆地对约翰·诺克斯大学的学生讲这番话，这显示出随着时代的变化，连神学都在不断进步。伯恩斯的诗中道出了最好的行为规则。比如："你的失望源于怯懦"，早年我把它当成座右铭。还有："地狱里可怕的刽子手扬起鞭子，不幸的人们只能屈从。在你能感到荣誉的地方，就是你的边界。"

约翰·斯图尔特·米尔校长给圣·安德鲁斯大学学生的演讲很精彩。他很想把宝贵经验都传授给学生。他认为音乐有助提高生活质量，并能获得美的享受。我很赞同，还有过亲身感受。

邀请苏格兰的四所大学校长和他们的妻儿来斯基伯度一周假，是我和妻子最大的快乐。参加聚会的有埃尔金伯爵、巴尔弗勋爵及夫人。后来每年一度的"校长周"作为例会被固定下来。大家成了好朋友，这对各所大学都是有益的。它激发了团队协作精神。第一次周会结束时，兰校长说："500年来，苏格兰的大学校长都在摸索应该怎么开课。现在，大家聚在一起仅一周的时间就明白了。"

1906年在斯基伯，我们度过了难忘的聚会。拉德克利夫大学校长——艾各尼丝·欧文小姐（本杰明·富兰克林的曾孙女）也和我们共度校长周，大家都为之自豪。150年前，富兰克林从圣·安德鲁斯大学得到了第一个博士学位。他200周年诞辰的纪念活动在费城举行，圣·安德鲁斯大学和世界各地的大学纷纷发来贺词。现在，他的曾孙女也得到了圣·安德鲁斯大学的博士学位。我作为名誉校长，受托给她颁发证书。这项仪式是在周会的第一晚举行的，超过200人发表了祝词。

150年前圣·安德鲁斯大学第一次给曾祖父颁发证书的场景，仿佛在他的曾孙女身上重现，这给在场观众留下深刻印象。

校长越过大西洋，亲手把证书交给她，她也像富兰克林一样，是出生在英国的美国人，颁发仪式在费城举行，这里曾是富兰克林奋斗过的地方，有他的不朽功绩。我很荣幸成为这特殊而庄重的仪式的主持人。每回想此事，我就备受鼓舞。

圣·安德鲁斯的学生一致同意我连任名誉校长，这使我很感动。我喜欢晚上的时候，只有我与学生，畅所欲言地攀谈。我们在一起总是很快乐。第一次和学生们聚会后，唐纳德森校长告诉我校委书记对我的评价："校长讲话，从来都是在讲台上，卡内基先生却让我们围成圈，他则坐在中间与我们亲切攀谈。"

我常考虑如何让我们的大学拥有更好的教学体系。在我看来，如哈佛和哥伦比亚之类的重点大学，有5000～10000名学生，已经是很大的规模，发展的余地很小了。而小一点的大学（尤其是专科学院）倒是需要帮助，对它们的投入资金是比较好的。因此，后来我就把教学投资限在小的院校，我认为这很明智。一段时期后，我们发现洛克菲勒先生的教育基金会、综合教育基金会，还有我们的基金会，都不约而同地朝这方面努力，并结出累累硕果。洛克菲勒先生希望我能加入他们的行列，我接受了。合作对双方都很有帮助，如今我们还保持着合作关系。

捐助的过程中，我有不少朋友获得了像查理·泰勒那样的荣誉。迪金森学院的康威礼堂就是以蒙丘·D.康威的名字命名，他的自传最近发表了，被"文学学会"誉为"文学作品"。文学学会声称："这两本书就像一堆自传垃圾中闪闪发亮的宝石。"这对于一个也打算写自传的人来说具有很大的启发性。

康威先生在自传的最后一章结尾时这样写道：

乞求和平吧，读者朋友。乞求和平并不是向雷电祷告，而是要依靠你所遇的每个男人、女人和孩子。不要只是一味祈祷"请赐予我们和平吧"。更要拿出你的实际行动！如此，尽管世界充满战争，至少在你的心内还有一处和平净土。

我的朋友一针见血地指出了我们最大的耻辱。战争真的应该立即在文明国家之间消亡。

为纪念埃德温·M.斯坦顿，我在俄亥俄州凯尼恩学院设立了斯坦顿经济会长职位。斯坦顿先生曾经对我有恩，那时我还是匹兹堡的一个小信使，常给他送电报，后来我成了斯科特部长的助理，他仍然对我很关心。以朋友的名字命名捐助，这是一种快乐，比如克利夫兰的西方储备大学的汉纳会长之位、布朗大学的约翰·海图书馆、给汉密尔顿的第二项伊莱休·鲁特基金、给韦尔斯的克利夫兰夫人图书馆。我希望继续捐助，借以纪念我认识的、钟爱的、敬爱的朋友。我本打算再建一座多奇将军图书馆和一座盖勒图书馆，但他们的母校已经给了他们这样的荣誉。

我第一次给汉密尔顿大学捐款时，本打算以伊莱休·鲁特命名基金会，但我们这位能干的国务卿、罗斯福眼中"最聪明的人"，却没有对汉密尔顿大学提及这一想法。当我找他兴师问罪时，他笑着说："好，我答应你下次再捐款时，一定不骗你。"

第二次捐款时没出现差错，因为我没有委托他直接办理。所以，他就破坏不了以自己名字命名的汉密尔顿大学的基金。鲁特是个伟大的人。罗斯福总统曾宣称只要能让鲁特得到总统提名，自己愿从白宫爬到国会。有人认为鲁特性格软弱，因为他曾为一些公司辩护，却不善论辩，缺乏号召力，又太谦让，无法吸引低俗的耳朵，所以他的党派愚蠢地决定不提名他。

与汉普顿和塔斯基吉学院的联系让我得到了快乐和满足，我们旨在提高黑人地位。由此还有幸认识了布克·华盛顿。我们都应向他脱帽致敬，因为他不仅摆脱了奴隶身份，还帮助数百万黑人同胞达到了更高的文明境界。在给塔斯基吉学院捐助60万美元之后没多久，华盛顿先生来看我，问是否可以提个小小的要求。我说："当然可以。"

"您很仁慈，从基金中专门指定一笔，用作我和妻子的养老金，我们很感谢。但是这笔钱远远多于我们的开销，对我们来说简直是一笔巨款。有人因此认为我不再是穷人了，不用勤俭节约了。所以请您修改条款，换成'只提供适当补助'，可以吗？我对基金会的理事完全信任。我和妻子花不了那么多钱。"

我同意了，这个善举已树成典型。鲍尔温先生告诉我，当他提出把表彰文件放进去时，这位高尚的人拒绝了。那份文件本该永久保留，世代相传，他却把它扔到一边。

这位黑人领袖拥有高贵的品质。他真诚、富有牺牲精神——兼有人类的所有美德。如果要问当今，谁曾从最底层努力奋斗到最高端？那一定是布克·华盛顿。他从奴隶成长为黑人领袖——是当代的摩西和约书亚，领导着自己的人民向前进。

在同这些院校联系的过程中，我接触到他们的负责人和理事，像汉普顿的赫利斯·B.弗雷斯尔校长、罗伯特·C.奥格登、乔治·福斯特皮伯迪、V.艾文瑞特·马斯、乔治·马克安尼，还有威廉·H.鲍尔温（他们最近都逝世了，唉！）都在为别人默默付出。我衷心地祝福他们。库珀协会是一个机械贸易组织，我对它很感兴趣，它显示了许多人都在为把同胞从苦难中解救出来的崇高理想献身，而不是"狭隘地为了自己"。

我很早就向教堂捐赠管风琴了。父亲曾加入的阿尔勒格尼的斯威登伯格教会人太少，所以我拒绝为他们修建新教堂，不过还是捐了一架管风琴。不久，教堂索要管风琴的申请就蜂拥而来，大到匹兹堡的天主大教堂，小到乡间教堂，我忙得应接不暇。似乎每个教堂都须要换一架更好的管风琴，因为如果有了新的管风琴，再把旧的卖掉就可以得到一笔不菲的收入。管风琴可能会把某些小教堂的房顶撑破，斯威登伯格教会就发生了这样的事；另有一些教堂已有管风琴，却还热切期望得到这笔经费。我们只好制定了一套严格的捐助制度。让他们填表回答许多问题。现在这项工作已经系统化了，我们依据教堂的大小规模来拟定捐助计划。

然而，在苏格兰高地，我却受到指责，说我捐助管风琴，严重损害了基督教的声誉。长老会成员还公开谴责我居心不良，"用一个装满汽笛的箱子来赞美上帝"，而不再用上帝赐予的优美嗓音。于是，我决定找人分担罪责，要求申请者支付新管风琴费用的一半。尽管如此，这项捐助活动仍然在声势浩大地进行着，申请者有增无减。随着人口增加，新教堂不断涌现，管风琴当然也是必不可少的。

我很看好这项投资。要求申请者支付一半费用，可以保证支出的必要性与合理性。据我的经验，不时听听宗教音乐是有益的，还可以在布道之后，舒缓紧张情绪。我感到花在管风琴上的钱是值得的。我们会继续这方面的投资。

所有的慈善捐助中，有一笔养老基金最有成就感。有一些老人，他们一直都很善良，令人敬佩，却没有足够的积蓄让自己的晚年过得体面，给他们一些关爱是一种无法比拟的快乐。只需要拿出很少的钱就能帮助他们。我惊讶地发现这么多人需要关心和帮助。我在退出商界之前，就开始了这项工作，并尝到满足。我从没提过养老金名单的事，他们全都值得帮助。那是带有崇敬和关爱性质的名册。它不对人公开，没人知道上面都有谁。

有一个问题是我永远都不会考虑的："我献身慈善事业的好处是什么？"对这个问题的最好回答是：让养老金名单上的朋友过上幸福生活就是最大回报。我已经得到太多，超出了应该得到的部分，因此我不再期望什么。我们活着，就应该默默奉献，做自己该做的事，不管是否有回报。

事实上，给予比得到更加幸福。如果我们交换过来，这些好心的朋友也会为我做很多事。我深信这点。我得到许多人的感谢，有些人告诉我，每晚都会为我祷告。给他们回信时，我常常控制不住内心的激动。

"恳请你，不要为我祷告，"我说，"不要为我乞求更多。我得到的已经很多了。公平的待遇就是拿走赐予我的大部分财产。"这不是说好听话，我真心这样想。

铁路养老基金也与此类似。匹兹堡分部退休的职员或者他们的遗孀都能从中受益。多年前我就着手这项工作，才有今天的规模。受益人多是我以前的下属，或者他们的遗孀，他们需要并值得资助。我刚到铁路公司时只是个孩子，他们都对我很友善。大部分受益人都是我的好朋友。

尽管已拿出400万美元给工人（铁路工人养老基金），包括我不认识的工人，我还是有足够的资金继续投入这项事业。

卡内基成功箴言

有一个问题是我永远不会去考虑的："我献身慈善事业，能得到什么好处？"对这个问题的最好回答是："让养老金名单上的朋友过上幸福的生活就是给我最大的回报，也正是我要的。"

第二十一章
和平教堂和皮坦克里夫

英语国家最终实现和平，这是我很早就想到的。1869年英国调动了"君主号"，是当时最大的军舰，号称能轻而易举地占领美国城池，攻无不胜、战无不克。我给英国内阁约翰·布赖特发电报（电报最近公开了）："'君主号'首要也是最重要的任务，恐怕是把皮博迪[1]的遗体带回家。"

我没有署名。一切竟然都应验了，"君主号"成了和平使者，而不是毁灭暴徒。许多年后，我在伯明翰的一个小型晚会上遇见了布赖特先生，告诉他我就是发匿名电报的人。他说看到电报很震惊，因为他当时就是这么计划的。我相信他的话，因为他值得信任。

内战时期，他是美国人的朋友。也曾是我和父亲崇拜的偶像。起初他遭到野蛮的激进分子谴责，依然镇定自若，坚持原则，终于得到民众支持。他主张和平，极力反对克里米亚战争。

---

[1] 乔治·皮博迪，美国商人和慈善家，1869年在伦敦逝世。

我有幸得到布赖特家族特许，以朋友的身份，把国会原来摆放的旧的曼切斯特·布赖特塑像换成新的复制品。

我很早就关注英国和平协会，并多次参加集会。尤其与克里默先生成立的议会走得很近，他是优秀的工人代表。没人能比得上克里默先生。他得到了诺贝尔和平奖，却只留下很少一部分，其他奖金全部捐给仲裁委员会。这是多么崇高的奉献精神。真英雄视钱财如粪土！他的薪水少得可怜，然而为了和平，他可以把大笔财富捐出。这就是他的最可贵之处。

1887年在华盛顿，我荣幸地把仲裁委员会介绍给克利夫兰总统。总统热情接见了委员会成员，并表示真诚合作。从那天起，如何避免战争成了我关心的大事，以致其他的事情都不重要了。海牙会议的召开带给我莫大惊喜，会上首次提到裁军（后来证明这不过是黄粱美梦）。议会制定了一个永久性法庭，专门解决国际争端。我认为这是人类向和平迈进的一大步。议员们正向着和平这一崇高理想前进。

如果豪斯先生（他的死让我悲痛万分）活到今天，并和他的领导安德鲁·D.怀特一同参加即将召开的第二次议会，很可能就会促成国际法庭，这是急需的、用来避免战争的机构。是他连夜从海牙出发，带着上级指示赶往德国，见到德国外长、国王，并成功劝服他们支持最高法院，不以撤走代表团为威胁——豪斯先生付出这么多，应被誉为人类最伟大的公仆载入史册。唉！可惜他正当年华就撒手而去。

国际法庭成立的那天是人类历史上最值得纪念的日子。它将对残杀同胞的人（他们罪孽深重）敲响丧钟。全世界人民都会庆贺这个日子，我相信这一天不会很遥远。到那时，这些今天被视为英雄的人将会被历史遗忘，因为他们没有促进和平，而是制造了战争。

安德鲁·D.怀特和豪斯先生回来后，建议我为海牙捐一座和平教堂。我告诉他们我不能独断专横，除非荷兰政府向我提出要求，我才会好好考虑。他们抗议说任何政府都不可能提出这种要求。我说那我也不会做不得体的事。

荷兰政府最终还是派大臣盖弗斯男爵来华盛顿提出了请求，我欣然应允了。在给他的信中，我谨慎地提到会在适当时候给他们汇款。我没有把钱寄过去，荷兰政府派人取走了它们，这张150万美元的汇票作为一份纪念品保存下来。能够为和平教堂（世界上最神圣的建筑，因为它有着最神圣的理想）尽一份力量是无上的光荣，每个人都应该为这样崇高的事业贡献力量。它的价值不仅只是供奉上帝的建筑，正如路德所说："我们不能为上帝做些什么，上帝也不能从我们这里得到什么。这座教堂给他的孩子带来和平。对上帝最高的崇敬就是为人类做贡献。"至少，我与路德、富兰克林的想法是一致的。

1907年，一些朋友请我担任纽约和平协会会长，我拒绝了，称自己正忙于很多事情（这是实话）。但后来我为此良心不安。如果不献身于和平事业，那我还能做什么呢？幸运的是，几天后，莱曼·艾博特牧师和林齐牧师，以及其他一些著名人士都强烈希望我能重新考虑。我同意了，并坦白告诉他们，后悔上次的拒绝，今后定会竭力做好此职。此后和平协会第一次全国大会（于次年4月份）召开了，出席大会的有来自全国35个州的代表，也有国外的朋友[1]。

此时，我意外地得到了第一枚勋章。法国政府授予我荣誉爵士勋章。在纽约由我主持的和平宴会上，埃斯图内勒·德康斯坦男爵发表了热情洋溢的演讲，并在欢呼声中把爵位授予了我。这真是莫大的荣耀，是对我为世界和平所作努力的认可。他们觉得这样的嘉奖实在太轻，所以亲自赶来这里颁奖。[2]他们的鼓励让我觉得应该加倍付出，更加谨言慎行，才能对得起他们从不远千里送来的这份奖励。大家对我过奖了。

对我而言，没有哪件礼物比得上丹佛姆林的皮坦克里夫峡谷。那里充满了纯真烂漫。我得讲这个故事：

在我小的时候，丹佛姆林曾为争夺大教堂地产和皇宫遗址的所有权而发生了一场战争。外祖父也参与了这场运动。战争持续到劳德姨父和莫里森舅舅这一辈，舅舅被人指控煽动一拆毁了一堵墙。最高法院宣布我们败诉，当时的地主号令从今以后"不允许莫里森家族的人进入峡谷"。我和表兄"多德"一样，是被禁止的成员。皮坦克里夫地主与莫里森家族结下了几代仇恨。

峡谷是独一无二的。它与大教堂和皇宫毗邻，位于镇上两条主要大街的西北方向。它（大约六七十英亩）受到很好的保护，山上的树木枝繁叶茂，如人间仙境。对丹佛姆林的孩子而言，这

---

[1] 卡内基先生没有提到1910年12月发生的一件事，他捐出1000万美元成立基金会，目的是"避免国际战争，因为它玷污了人类文明"。这也是卡内基为世界和平的捐献。埃里弗·鲁特是基金会主席。

[2] 卡内基先生还得到了荷兰和丹麦的嘉奖，美国21个州授予的一枚金质奖章，同时也得到了无数所大学和院校颁发的博士学位。他还是多个学会、学术团体和俱乐部（超过190个）的会员。

里就是天堂，也是我的天堂。每当听到天堂二字，我都会想到皮坦克里夫峡谷。透过开着的门，或者在围墙上，往里看上一眼都会觉得很幸福。

几乎每个星期天，劳德姨父都会带"多德"和"奈格"绕着大教堂散步，找一个地方眺望峡谷——人们围着大树忙忙碌碌。它的主人是身份与财富的象征。我们知道女王陛下住在温莎城堡，连她都无法拥有皮坦克里夫峡谷！皮坦克里夫的亨特家族不会把这个峡谷与她或任何人交换。我们相当肯定，因为换成我们也不会。童年时，我认为任何宏伟的建筑都不能与皮坦克里夫相提并论。劳德姨父预料了我长大后的许多事，却没想过我会有很多钱，甚至成为皮坦克里夫的主人，我想他一定会为我骄傲的。现在我已经把它移交给丹佛姆林，作为公园开放——我童年的天堂！任何加冕也比不上这个荣耀。

当罗斯博士悄悄跟我说亨特上校要被迫卖掉皮坦克里夫时，我的耳朵马上竖了起来。罗斯博士认为亨特上校的要价太高，这些话我一点也没听进去。1902年秋，我突然想到此事，立即给罗斯博士去电约见。一天早上，妻子走进来，让我猜谁来了，我马上猜到是他。我们详细讨论了皮坦克里夫的事。建议让我们的朋友即爱丁堡的肖先生（丹佛姆林的地主），去见亨特上校的经纪人，跟他们说如果不卖给我，他们会后悔的，因为很难再找到我这样的买主，而且我也可能会改变主意或者突然过世。不久，肖先生告诉博士，他已经和亨特的律师约好明天一早见面，到时他一定会转述我的原话。

不久我在纽约收到肖先生发来的电报，说亨特上校要4.5万英镑才肯出让，问我是否同意。我回电："只要罗斯认为可以就行。"圣诞节晚上，我收到肖的回复："万岁！皮坦克里夫的主人！"就这样，我得到了最尊贵的头衔。国王只是国王。他没有马尔科姆国王塔，也没有圣玛格丽特的神殿，更没有皮坦克里夫峡谷。他只是个什么都没有的可怜国王。但如果国王访问丹佛姆林时，我会很乐意屈尊带他参观那些历史遗产。

作为峡谷的主人，我发现只有把钱交给热爱公益事业的人，才会为大多数人谋福利。罗斯博士是管理皮坦克里夫公园的最佳人选。在他的建议下，一些人一致认为应该建立基金会。他们设想把公园变成城镇。当得知还有50万英镑要投入丹佛姆林的建设时，他们都惊呆了。

峡谷归理事会管理已经12年了，公园很受人们青睐。它的价值是惊人的，这里鲜花盛开，孩子嬉戏着，人们快乐度过每一天。峡谷还吸引了很多周边城镇的人前来。不管从哪方面说，管理委员会的打理都很成功，完全符合当初的要求："给丹佛姆林广大劳动者的单调生活带去更多的'甜蜜和欢乐'，带给他们——尤其是孩子们快乐、幸福，提高他们的生活质量，让家乡的孩子在若干年后，不管离家多远都能回想起快乐的童年。"

如果能做到这一点，就是成功，否则就是不称职。

这段文字让我与前加拿大总督格雷伯爵建立了友谊。他给罗斯博士写信说："我想认识今早《泰晤士报》上这篇文章的作者。"

我们在伦敦会面后都觉相见恨晚。他是品格高尚的人，很快就热爱上这项事业。今天，格雷伯爵也是英国1000万美元基金会的理事。[1]

就这样，皮坦克里夫峡谷成为我此生最得意的捐助。上天是公平的，我，激进派领袖托马斯·莫里森的外孙，贝利·莫里森的外甥，善良父母的儿子，终于赶走了原来的地主，成为真正主人，并把峡谷和公园永远地交还给丹佛姆林的人们。这是多么浪漫的事。似乎有无形的手在操控这一切，我仿佛听到一个声音轻轻传来："你这一生丝毫没有虚度"这是我此生最大成就！它完全不同于我其他的捐助。真是"风水轮流转"啊！

我退出商界从事慈善事业已有13个年头。如果赚够养老钱就回家享清福，也许做什么都不会成功。现在我有读书写作的习惯和爱好，偶尔会发表演讲，还有以前结识的有教养的朋友们。这些年来，我始终没去过以前的工厂。这会让我想起从前的太多朋友。如今，亲切地叫我"安迪"的老朋友已经不剩几个了。

但是不要以为我忘掉那些年轻时候的朋友，他们对我很重要，他们帮助我、支持我适应新的环境。他们还成立了卡内基老兵协会，给了我很大安慰，活动一直持续到最后一个成员离开人世。每年一度的聚会在我纽约的家里举行——由此带来的快乐和幸福会持续一年。有些老兵长途跋涉赶来，共同的回忆是我此生最大的快乐。

---

[1] 卡内基先生指的是拿出了1000万美元成立卡内基英国基金会，仅仅是指格雷伯爵参与的那一项。1911年成立卡内基纽约公司，投入1.25亿美元。该公司按照卡内基先生的意愿处理剩余财产。在给理事的一封信中，卡内基先生本人对该公司的目标是这样定义的："为促进美国国民文化和素质的传播和提高，根据实际情况，捐助技术学校、高等学校、图书馆、科学研究所、英雄基金、出版社或其他机构。"卡内基总共捐助超过3.5亿美元——这样一笔巨款，被一个慈善家分发了。

千言万语汇成一句话，我一直这样告诉自己："宁愿散尽财富，也不做亿万富翁——是的，如果不捐赠，我的资产会是他们的1000倍。"

我和妻子有幸认识许多杰出的绅士和名媛，但这丝毫不会减少我们对少时朋友的爱。妻子和我一样，她把我们纽约的新家称为老兵聚会地。"朋友的第一次聚会"是她的口头禅。他们让我妻子成为第一位名誉会员，我的女儿是第二位，这并不是哗众取宠。他们是我心里可依靠的人。尽管我是一位长者，但我们在一起时就是"哥儿们"。彼此间的信任和共同目标让我们产生了手足之情。我们先是朋友，而后才是合作伙伴。45个合作伙伴中有43人一生相伴。

文学晚会是另一件在我家举行的年度盛事，由《世纪》主编理查德·沃森·基尔德主持。他从本年度主宾发表的文章中摘录一些句子，写在宾客们的卡片上，为聚会制造了很好的气氛。1895年的主宾是约翰·莫里，他的一句摘录语写在每个盘子的卡片上。

有一年他很早就来到会场，安排座位。可是座位早已安排就绪，他跟我说约翰·伯勒斯和欧内斯斯特·汤姆森·塞丁纳的座位紧挨着，他俩正为鸟兽习性的问题吵得不可开交，让他俩坐一起恐怕矛盾会升级。他说不能让他们坐在一起，便把座位分开了。我什么也没说，只是乘他不备，又将卡片换了回来。当看见这两人坐在一起时，基尔德惊呆了，如我所料，他们和解了，晚会结束的时候已经成了很好的朋友。自古有言："如果你想当和事佬，就把双方安排在一个文明的场合见面。"

伯勒斯和塞丁纳都很满意这个圈套。有时我们恨别人，是因为不了解他们。邀请你的敌人共进晚餐，甚至恳求他不要拒绝，是很好的和解方式。大部分矛盾变得尖锐，都因双方没有见面，缺乏沟通，还听了一些不相干人的挑唆。他们根本不明白对方的意图，一切都是可以解释清楚的。伸手和解的人是明智的，拒绝和解的人是不幸的。什么也弥补不了失去朋友的损失，即使不再像从前那样亲密，可他依然是你曾经的亲密好友，随着岁月的流逝，朋友们会一个个撒手人寰，离你而去。

如果一个人愿意每个人都幸福，不给他们添麻烦，乐于帮助他们，那他自己也会是幸福的。在朋友有一些不光彩的事情时，有人不愿继续保持友谊。这些人，只会让人可怜。轻易地失去一个朋友是很遗憾的，因为真正的友谊是需要培养的。

"友情开始凋零时，总是会出现矜持的礼貌。"从前的亲密无间可能会永远消失，但彼此间的祝愿会一直存在。

朋友之中，只有马克·吐温对我弃商从善表示赞赏。一次新闻报纸谈论我的财富时，他给我发来下面这个便条：

亲爱的朋友：

你最近似乎春风得意。能否借1.5美元给您的仰慕者买一本赞美诗集？如果同意，上帝会保佑你的。我确定，我知道，我希望。

你的马克

注：不要给我赞美诗，把钱寄来。我要自己去挑。

他在纽约生病时，我常去探望。我们常在一起，他生病时也充满智慧。一次我在去苏格兰前，特意和他道别。我走后不久，大学教授退休基金会就在纽约宣告成立。我在苏格兰收到马克的来信，信封上写着"致圣安德鲁"，下面是其中的一段：

你可以拿走我的光环。只要你在我床边告诉我，你做了什么，你就可以立刻得到它。

克莱门斯先生（马克·吐温）的熟人都证明他很有魅力。在言谈举止方面，乔·杰斐逊是唯一能向他的双胞胎兄弟让步的人，他俩都魅力四射。另外，"瑞摩斯叔叔"（乔·钱德勒·哈里斯）、乔治·W.凯布尔、乔希·布灵也很有魅力。他们走到哪就把快乐带到哪。正如里普·万·温克尔所说："快乐都很相似，不幸却各不相同。"他们每个人都热情大方、无私奉献。

公众只知道克莱门斯的幽默，却很少知道他对政治和社会问题有着坚定的立场。例如，评论俘虏阿奎那多一事，他的笔触就像钢刀一样锋利。

他的70大寿别具一格。宾客主要来自文艺界，马克还邀请了亿万富翁H.H.罗杰斯先生，他们是患难之交。一如平常地，来宾大都歌颂马克在文艺界的贡献。我却指出这位朋友英雄的作为与他的写作一样流传千古。他和沃尔特勋爵有共同之处，都因合伙人的过错而破产。摆在他面前两条路：一条很平坦，很轻松，是条捷径（当然是合法的）——交出所有财产，宣布破产，从头开始。这样他可以偿还全部债务。另一条路却漫长、布满荆棘又沉闷，要付出一生的奋斗，是很大的牺牲。

他的决定是："问题不是对债主负责，而是对自己负责。"

人一生面临很多考验，是渣滓还是金子，只有危难之中才能得见。我这位朋友纵身跳入熔炉，炼成了一个男子汉、真英雄。他把在全球演讲的收入用来偿还债务。"一个幽默的家伙——马克·吐温"，这就是公众对他的评价，但是不要忘了，克莱门斯先生具有像沃尔特勋爵那样英雄的一面。

他有一位贤内助，像他的守护天使一样，陪他周游世界，使他能像沃尔特勋爵那样征服一切。他总是对好友说起他的妻子。克莱门斯夫人过世后，我去看他，他当时说的三个字让我很悲痛。我发现他独处一处，我握着他的手，什么也没说，突然我感到手被震了一下，他颤抖着说："家毁了，家毁了。"许多年过去了，我仿佛还能听到这几个字，我的心也跟着颤抖。

我们比父辈幸运。只要公理还在，就没什么好惧怕的。

"做一个真诚的人吧，每时每刻都要真诚，不失信于任何人。世界充满了太多、太久不公平，折磨终将结束，撒旦定会退却。"

卡内基成功箴言

捐助可以减少挥霍无度，每个人都能分享快乐富足。

第二十二章
马修·阿诺德和其他人

马修·阿诺德是我们认识的人中最有趣的一个，约翰·莫利和我都这么认为。他是个"魔鬼"——唯有这个词能恰如其分地形容他的长相和谈吐。他一本正经的样子都会让人发笑。

大约在1880年，他和我们乘马车一同穿过英格兰南部——同行的还有威廉·布莱克和埃德温·A.艾比。经过一个漂亮的村子时，他问马车是否能在此处稍停一会，他想去墓地拜祭一下他的教父（基布尔主教）。

他又说："啊，亲爱的基布尔！我对神学的观点让他很伤心，其实我也一样伤心。尽管如此，他依然是我亲爱的朋友，曾专程赶到牛津，为我竞选的英国诗歌教授投票。"

我们走到这片安静的墓地。马修·阿诺德在墓前的沉思使我久久不能忘记。后来谈到神学话题时，他说他伤害了很多好朋友。

"格拉德斯通先生曾对我很失望，甚至不满，他说我本应该做一名主教。毫无疑问，我的作品影响了我的晋升，也给朋友们带来了伤害。但我无法控制表达真情实感。"

最后几个字他说得很慢，带着悲哀的腔调，仿佛从心灵深处发出的。他把观点公之于众，随着时代进步，已逐渐被人接受。如今他的教义不再遭受非议。马修·阿诺德是虔诚的教徒。他从不说不敬的话。他在这点与格拉德斯通没有不同，只是他用一句话抹杀了虚无缥缈的神力——"求神拜佛的迷信该结束了，那是没用的"。

1883年在纽约时，他和女儿（现在的维特瑞奇夫人）在我家做客。在阿尔勒格尼山时，我们也常来往。所以我们常碰面。母亲和我曾用马车送他去纽约举办第一次演讲，那次演讲不太成功，他不善于在公众面前表达。回来后，他说的第一句话是："你们想说什么？说吧！我还能当演讲家吗？"

我太希望他成功，以致不假思索地说，他应先调整好状态再上台，而且他应该找一个演说家取取经。在我的强烈要求下，他同意了。我们都发表完评论后，他转向我母亲，问："现在，亲爱的卡内基夫人，他们都给出了建议。但我想知道您是怎么看我在美国的第一次演讲。"

"太严肃了，阿诺德先生，太严肃了。"母亲缓慢而温和地回答。后来阿诺德先生回忆说，他听到这句话时感觉像是被人给了当头一棒。他从西部旅行回来后，我们发现他的进步非常大，嗓音赶得上布鲁克林音乐学院的专业水平。他得到了波士顿一位辩论家的指点，从此演讲一帆风顺。

他很想去听著名传教士毕切尔先生的演讲，于是我们周日一大早赶到布鲁克林。我们把行程提前通知毕切尔先生，这样演讲后他俩就可以见面了。当我把他介绍给毕切尔先生时，他受到了热烈欢迎。毕切尔先生对他仰慕已久，握着阿诺德的手，说："阿诺德先生，您的作品我都仔细拜读过，受益匪浅，真是受益匪浅。"

"啊，可是我担心，"阿诺德回答说，"您可能会发现一些与您有关的内容，它们都该删掉。"

"哦，不，它们对我很有用。"毕切尔先生说道，接着他俩都笑起来。

介绍马修之后，我又很荣幸地把英格索尔上校的女儿介绍给他，我说："毕切尔先生，英格索尔小姐是第一次来基督教堂。"

他伸出双臂拥抱她，看着她，慢慢地说："哦，你是我见过的最美丽的异教徒。"见过年轻时的英格索尔小姐的人，都有同感。

接着他又说："你的父亲还好吧，英格索尔小姐？我希望他一切顺利。他和我总是在讲台上碰面。不幸的是，我们每次都在同一边！"

的确，毕切尔是宽容、慷慨之人，他取百家之长。斯宾塞哲学、阿诺德的感性表达、英格索尔坚定的政治立场，都对美国有利。这些良师益友，毕切尔先生既欣赏又敬佩。

1887年，阿诺德到苏格兰来看我们。谈到运动，他说不会射猎，不忍心杀死展翅飞翔的鸟儿，但是很爱钓鱼——"顺便说一下，有件事妙极了。"他告诉我们，有一位公爵每年都给他两三次机会，让他钓一整天鱼。我记不起这位公爵是谁，但据说这人不招人喜欢。我们奇怪他怎会和这样的人交往。

"啊！不管怎么说，公爵总是一个名人。我们都很势利。千百年来我们变成这样，势利小人。我们天生就是，无法摆脱。"他笑着说道。但我总觉得另有隐情，因为他根本不是势利小人。

然而，他对上流社会总是很感兴趣。在纽约时，他很想拜访范德比尔特先生。我说他不会发现此人与其他人有什么不同。

"我觉得能认识世界上最富有的人很荣幸呀，"他回答说，"一个靠奋斗发家致富的人，会让那些靠继承得到财产的人黯然失色。"

我问他为什么不写点关于莎士比亚的评论，他说一直有此打算，但现在他还没有能力评价莎士比亚。他觉得自己写不好。莎士比亚多么伟大，不能草率评价，必须经过仔细研究、反复斟酌，所以他总是避开这个话题。如今他功德圆满，写出了一篇旷世奇文，我终于等到了这一天。特此摘录其中一段：

　　莎士比亚
　　别人都受我们质疑，你却无忧无虑。
　　我们问了又问——你微笑而无言，
　　耸立在知识之巅，最高的山峦。
　　向星空展示着他的雄伟壮丽，
　　把脚跟扎在海底坚定不移，
　　而把九重天作为他的家园，
　　只留下云雾笼罩的山麓的边缘
　　让凡人去徒劳地探索不已；
　　而你，你熟悉群星，你了解阳光，
　　你自修，自审，自信，自己建树光荣，
　　你在时无人识。这又何妨？
　　一切不朽者必须忍受的苦痛，
　　一切折磨人的弱点和辛酸，

在你轩昂的眉宇间找到了无双的表现。

我希望阿诺德能认识肖先生（乔希·比林斯）——这块璞玉。一天早上，乔希来温莎旅馆看我（我们当时住在这），谈到了阿诺德，说很仰慕他。

我回答道："今晚你就能与他共进晚餐。女士们都要出去，只有我们在。"

他腼腆地拒绝了，但是我态度强硬，他只好屈服。晚餐时，我坐在他俩中间。阿诺德对肖的说话方式很感兴趣，对他的西部轶事也很好奇，谈话中不时开怀大笑。肖讲了许多演讲经历，15年来，他去了美国的每个角落，每次都有1万观众看他演说。

阿诺德很想知道他是如何吸引观众注意力的。

"好的，"肖说，"你不能让他们笑得太久，否则他们会认为你是在嘲笑他们。观众笑过后，你就要摆出严肃认真的样子。比如有一次，我问：'世界上有两件东西是人类没有准备好的。谁能说说是什么？'有些人大声说'死亡'。我说：'好的，那么另一个呢？'有很多答案——财富、幸福、力量、婚姻、税金。最后我严肃地说：'都不对。世界上有两件东西是没法事先准备好的，那就是双胞胎。'观众笑得前俯后仰。"其实阿诺德也能做到这一点。

"你会不断发明一些新故事吗？"阿诺德又问。

"是的。如果创造不了新故事，就不能做出很好的演讲。我遇到过一次麻烦，原本认为会博得满堂喝彩的，却事与愿违，都怪我没有找到恰当的词。终于在密歇根州的一个晚上，我坐在篝火前，突然有了灵感，想到了合适的词。我试着在孩子们面前说它，果然成功了。这个词后来被我反复使用。开场白是这样的：'这是一个充满挑战的时代。人们只有完全理解它才可能接受。这里有约拿，也有批评家。他们想摸透这个时代。在我看来，约拿也好，批评家也好，都没有全面了解这个时代。'"

一天，肖走在百老汇大街，一个真正的西部人上前搭话，那人说："你一定是乔希·比林斯。"

"是的，大伙有时也这么叫我。"

"我有5000美元要给你。"

"代尔莫尼克的餐馆就在旁边，进去坐坐，然后告诉我为什么。"

坐下后，这个人说他是加利福尼亚一家金矿的股东之一。他们为所有权问题起了争端。股东会结束时，他也威胁说将不畏艰险申请诉讼。他接着说："第二天早上，我跑去告诉他们，我刚翻阅了乔希·比林斯的年鉴，今天的训言是，'与其冒险抓牛角，不如轻松抓牛尾。'我们都笑起来，觉得这是一句至理名言。我们采纳了您的建议，问题解决了，合伙人成了好朋友。有人提议给乔希5000美元作为感谢，所以当我来东部的时候，他们就让我送来给您，我许诺完成。事情就是这样。"

晚餐最后，阿诺德说："好的，肖先生，如果你来英国演讲，我会很欢迎的，而且会引荐你给第一批观众。或许由一个被称为地主的蠢人来引荐会更好，但我太想获此殊荣了。"

谁会想到马修·阿诺德（温文尔雅的传教士）会向伦敦观众引荐乔希·比林斯（超级笑星）呢？

多年来，他常问候"我们这位狮子般的朋友肖先生"。

我告诉过阿诺德一个有关芝加哥的故事。一位波士顿上流社会的女士去芝加哥看望即将结婚的同学，她很快迷上了这个城市。一天晚上，某个名人问她芝加哥什么最让她着迷，她优雅地回答道："最让我惊叹的不是繁忙的商业，也不是发展的速度，更不是豪华住宅，而是这里的文化与文明程度。"

那人迅速回答道："哦，我们幸福得要晕倒了。"

阿诺德不喜欢芝加哥，那里给他的印象是庸俗之都。不过，他惊讶地发现有这么多的"文化与文明"。出发前，他渴望找一些有趣的东西。我笑着说，最奇妙的地方就是屠宰场。那里的设备都是最先进的，一只活蹦乱跳的猪从这一端进去，叫声还在你耳旁回荡，另一端就被制成火腿出来了。

他沉思了一下，问道："但是，为什么去屠宰场呢？为什么要听猪叫呢？"我找不到理由，这事就此告一段落。

阿诺德最爱的《旧约全书》当属以赛亚书，至少他经常引用这位诗人（他这么称呼）的话。环球旅行时，我发现其他宗教的经书都经过了去伪存真的精心处理。我记得阿诺德说《圣经》也被这样处理过。孔子和其他圣人的精华也是经过精挑细选，以"经文"的形式表达出来。信徒们没有把愚昧时代一些局限性的思想加在经书里。

关于此，我越想越觉得，基督教徒也应学习东方，把小麦从谷壳（或者比谷壳更有害的垃圾）里挑出来。

我们应该选出好的部分。关于这一点，应该感谢阿诺德，我有幸成为他的朋友，他是超越时代真正的老师，是在"未来和它

215

的未知事物"领域里最伟大的富有诗意的老师。

我带阿诺德从阿尔勒格尼山出来，想让他看一看烟熏雾绕中的匹兹堡。在从埃德加·汤姆森钢铁公司去火车站的路上，有一段很陡的台阶。我们往上爬到3/4处，他突然停下，大口喘气。他靠在栏杆上，手按着心口，说："唉，这会要了我的命，就像我的父亲一样。"

我不知道他有心脏病，我永远不会忘记这件事。之后不久，就听到他突然去世的消息。回想起他对自己的预言，我感到万分悲痛。

我突然想起一个可爱的人，他是波士顿的奥利弗·温德尔·霍姆斯医生。马修·阿诺德去世后，一些朋友筹划用适当的形式纪念他。无须动员，朋友们主动捐出一笔钱，这其中只有经过特许的人才允许捐款。我有幸参与负责此事。我没想过这件事与霍姆斯医生有关——倒不是因为他没有资格，而是我们没有邀请作者或专家捐助。然而一天早晨，我收到这位医生的便条，他得知了这个活动，也要参加，并说如果名字能够出现在这份光荣的名册上，会很感激的。不用说，他当然有资格加入。

这是每个人都希望参与的纪念方式。我敢说，每个为社会做贡献的人都会感激命运给了他为社会做贡献的机会。

卡内基成功箴言

成功的人总是会选择一条路，坚持走下去。

第二十三章
英国的政治领袖

在伦敦时，罗斯伯里勋爵（当时是格莱斯顿内阁成员，也是很有前途的政治家）邀请我共进晚餐，并有幸见到了格莱斯顿先生。我很感激他让我见识到这位世界第一公民。我记得那是1885年，我给格莱斯顿先生带来一些令人震惊的人物，都是我事先准备好的。

社交方面有一件事我做得很不妥，那就是格莱斯顿先生第一次邀我共进晚餐的事。当时我已有了另一个约会，我真希望这位英国统治者的邀请是一道命令。但我还是赴了之前的约，与这位伟人失之交臂。幸好后来在海沃顿，我又有机会去拜访他。

罗斯伯里勋爵曾为我捐助的第一座图书馆（在丹佛姆林）揭幕。最近（1905年），他又为我捐助的最后一座图书馆（远在斯托诺威）揭幕。

他上一次来纽约时，我和他驾着马车在河边散步，他宣称这是世界上最有魅力的城市。他是一个天才，意志力却"很脆弱"。

如果他出身贫寒，凭借自己的努力进入上议院，那他就一定会磨炼出坚强意志。可惜，他太敏感，缺少政治家必需的坚韧品格。他是优秀的演说家——语言淳朴自然、风格优雅。（他出版的演讲稿可能是我们中最优秀的。他的演讲达到了登峰造极的境界，他拥有一切荣誉。）

一天早晨，我应邀与他会面。寒暄之后，他拿出一个信封，递给我说："我希望你解雇你的秘书。"

"这太让我为难了，阁下。他是一个不可多得的人才，还是一个苏格兰人。"我回答说，"他怎么了？"

"这封信里是他的笔迹，而不是你的。如果一个人拼错'罗斯伯里'，你会作何反应？"

我说如果连这种小事也在意，那生活就无法忍受了。"我每天收到的许多信件中，其中有20%~30%的信会把我的名字拼错。"

可是他太认真。这种小事也会给他很大烦恼。做大事的人应不拘小节，不然很可能会把自己变成"小人"。他的个性很迷人，但又太害羞、敏感、保守（或许在下议院的磨炼就帮他改掉这些性格）。

当他作为自由主义者在上议院制造混乱时，我大胆进谏了自己的民主思想。

"必须勇敢地支持国会，抛开世袭头衔，并且公开宣布你对特权的鄙视。只有这样，你才能成为真正的领袖。可惜一个贵族永远做不到这些。你年轻，有才华，还有演讲天赋。只要敢尝试，成为英国首相是没有问题的。"

令我吃惊的是，尽管他明显动了心，却依然平静地说："下议院是不会接纳我的。"

"那就更好了。如果我是你，被拒绝之后定会更加努力，竞选下一个席位，直到他们接受我。一个主动放弃世袭特权的人，是高尚的公民，完全有资格竞选任何职位。取得胜利是必然的。你将是第二个克伦威尔。民主主义崇拜打破旧习的人，也崇拜创造先例的人。"

我们结束了这个话题。后来与莫利谈起时，他的评论令我难以忘记："朋友，克伦威尔并没有住在伯克利街38号。"他缓慢而又严肃地说。

罗斯伯里是个好人，他唯一的不幸就是生在贵族之家。相反，莫利出自普通家庭，父亲是外科医生，千方百计让儿子上了大学，如今莫利一如曾经，没有沾染丝毫所谓的贵族习气。类似情况的还有"鲍勃·里德"（罗瑞伯恩伯爵和大法官）、霍尔丹伯爵（继"鲍勃"之后的大法官）、阿斯奎斯首相、劳埃德·乔治等。

当世界第一公民——格莱斯顿去世后，谁来接替他的位置呢？年轻的内阁成员一致同意让莫利做决定。是哈考特，还是坎贝尔·巴内曼？前者有一个致命的障碍——无法控制好自己的情绪。这对他很不利，因为国家需要的是一位镇定、冷静、条理清晰的领导。

我很喜欢哈考特先生，他很热爱美国，并娶了马特利的女儿为妻。对人口普查和相关报告有着浓厚的兴趣。当然，看到故乡丹佛姆林的代表（坎贝尔·巴内曼）当选，我也很开心。

在答谢民众时，他说："此次当选，要感谢主席贝利·莫里森。"

贝利就是我的舅舅，丹佛姆林激进派领袖。卡内基家族和莫里森家族一直都是激进派，是伟大的共和制的坚决拥护者，赞美着华盛顿及其同党，因为他们"知道并且敢于宣布公民权"。在稳定、和平的发展过程中，英语民族不久就会确立一条公民的黄金法则："官衔只是金币上的花纹，人才是真金，别理他们那一套！"

这种观点已经在英国的殖民地流传开来。祖国就像一只母鸡，把孩子护在身下，替它们挡风遮雨。

1905年秋，约翰·罗斯博士被授予丹佛姆林荣誉市民称号，我和妻子前去参加仪式，他是卡内基丹佛姆林基金会会长，为丹佛姆林的发展付出了辛勤劳动。麦克白市长在致辞中说，这项荣誉是不易得来的，之前只有三个人有此殊荣——现任首相H.坎贝尔·巴内曼，前印度总督、现殖民部部长埃尔金伯爵，还有我。这是我能得到的最大荣誉，从政对我来说是不可能的。

埃尔金伯爵是布鲁斯国王的后裔。他们的祖坟就在丹佛姆林大教堂，他伟大的祖先就躺在教堂的大钟下。苏格兰大学准备改革时，埃尔金伯爵是委员会的二把手。保守派政府成立布尔战争委员会时，埃尔金伯爵被任命为主席。当上议院的决定带给苏格兰联合自由教会极大的混乱时，埃尔金伯爵被推选为平息混乱的委员会主席。他又是执行议案的带头人。挑选苏格兰的大学基金管理人时，我告诉巴尔弗首相，埃尔金伯爵是最合适的人选。巴尔弗首相也说我在英国找不到比他更合适的人了。事实证明了我们的判断。后来，约翰·莫利以丹佛姆林基金会成员的身份跟我讲起他的业绩："我曾经认为埃尔金是一个高高在上、一身毛病的政客，现在我有了新看法，他能干又不浮夸。"

这位布鲁斯国王的后裔，正是谦虚与智慧的化身。

自从得到荣誉市民的称号后，类似的授封就接踵而来。1906年在伦敦，我连续六天得到了六个城市的荣誉市民称号，随后两周，我都在早出晚归参加各个授封仪式。有人会认为这些仪式很单调，然而事实并非如此。我可以见到各市的市长、行政要员、公民代表，每个城市都有自己的故事，有不一样成功和失败。人们最为关注的问题是本地区的发展。每个地区都是一片小天地。市议会是小型内阁，市长就是首相。人们只关注国内政治，对外务没有兴趣。相邻城市之间还存在诸如供应水、气、电的问题，需通过会议商讨解决办法。

新旧世界的差异在地方政府得到了明显展现。以前，一个家族的好几代人都居住在同一个地方，并献身于它的建设之中。假如父亲当上了市长，定会希望子承父业。他们为本市争取了无价的财富和荣耀，深深眷恋着生养之地。竞选议员也是为了造福乡里，这是一个正当理由。事实上议员的席位是为有钱人准备的，他们在伦敦的用度没有额外补贴。后来情况才发生变化，英国开始为立法者支付报酬（从1908年开始实行，现在的报酬是400英镑）。

此外，英国还应该效仿其他国家，将国会改到白天，让议员们神清气爽、高效率地开展工作，而不是在一整天的工作后，筋疲力尽的去考虑国家大事。有人问卡文迪什（扑克牌高手），一个人会在第二圈的第三张牌出一个"杰克"（纸牌中的一张臭牌）吗？片刻思考后，他回答："可能。不过那肯定是在晚饭之后玩的牌。"

镇议会里的人最有用，他们清正廉明、有道德。努力建设家乡。美国人也正在培养对家乡的感情，却远不及英国。但是随着美国的移民增多，人们会渐渐倾向在此安居乐业。

在伊斯特本、金兹林、索尔兹伯里、伊尔克斯顿，还有很多其他城镇，我发现市长来自于不同阶层，他们亲自为城镇建设出力。大多数市议员也是不图回报地奉献着。我很高兴能成为苏格兰、英格兰，还有爱尔兰的荣誉市民，并认识这么多市长和议院高官。在科克、沃特福德和利默里克受到的接待难以忘怀。欢迎仪式上，我看见旗上印着一句盖尔语（大意是"欢迎你10万年"），我们有一个在斯基伯的房客也常说这句话。

没有什么比成为荣誉市民，更能洞察当地民情的了，也不会因此产生厌倦感。这些官员让我感受良多，地方长官的演讲中也会引用一些我能详述的新内容。市长夫人们也开心于家乡的自豪和荣耀。

我的看法是，同其他国家相比，英国普选的自治市高官们能够很好地管理国家，他们都是政府各重要分支的核心。国会在更换代表的同时能做到不影响自身的效率。也许当议员能够获得足够的报酬时，在威斯敏斯特也能找到许多这样的议员，这对国家是有利的。

卡内基成功箴言

有时我们恨别人，是因为不了解他们。邀请你的敌人共进晚餐，甚至恳求他不要拒绝，都是很好的和解方式。

第二十四章
格莱斯顿和莫利

1892年4月，我和妻子在格莱斯顿先生家做客时，他对我《美国的四驾马车在大不列颠》一书给予了高度评价。他建议我们到他的新书房（那里的书，除了他本人谁都不能碰）去聊一聊。我找到一本很奇特的书，这时他正在梯子上摆放一些很沉的书，于是我对他大声喊道："格莱斯顿先生，我找到一本《丹佛姆林名人》，作者是我父亲的朋友。那时我还是孩子，只知道其中的几位名人。"

"是的，"他回答，"如果你拿第三或第四本书，就会发现另一个丹佛姆林人写的书。"

我照做了，却看到了自己的书《美国的四架马车在大不列颠》。这时，我听到一个深情的声音从梯子顶部传来："麦加对于伊斯兰教徒的意义、贝拿勒斯对于印度教徒的意义、耶路撒冷对于基督教徒的意义，就像丹佛姆林对我的全部意义。"

我愣了一下才反应过来，这正是我书中的话，是我首次回到故乡时流露出的澎湃感情。当时我们是从南往北到丹佛姆林的。

"你究竟是怎么得到这本书的？"我问，"我当时还不认识你，所以不可能给你送过书。"

"你是没有！"他回答说，"我当时确实不认识你，但可能是罗斯伯里，他跟我提到了这本书，我借过来读了一遍。那种对丹佛姆林的浓厚感情打动了我。我不会忘记。"

此事发生于那本书出版后的第8年，这也证明了格莱斯顿先生惊人的记忆力。作为一个虚荣的作者，我很感激他对此书的高度评价。

那些公然扮演"圣经的读者"的政客们，总是令人怀疑。与格莱斯顿先生深交前，我偶尔也会闪过一个念头，这位机警的老绅士可能只是靠着他的信仰拉选票而已。当我真正了解他后，这种念头就打消了。他真挚诚恳，甚至在日记里（莫利在他的《格莱斯顿的一生》一书中提到）写道：他在下议院时就预算问题发表了长达数小时的演说，并得到了认可。他可能会否认信仰作为一种信念的影响。但当创始者关照了格莱斯顿先生这点小事时，其他人震惊不已，他"仿佛有神力在护佑着"。这看起来似乎很冒渎，但对于格莱斯顿先生这样虔诚的人来说，就绝对不会。

1887年6月，女王50寿诞之夜，布莱恩先生和我到皮卡迪利大街的伍佛敦伯爵家赴宴，遇见了格莱斯顿先生及夫人——这是我们第一次相识。我们之前从京都酒店出发，并租了辆马车，但路上很堵，马车只好停在圣詹姆斯大街中间。我们挤到人行道，我走在布莱恩先生前面，发现一个警察，于是向他说明布莱恩先生的身份以及我们准备去哪，并问他能否帮我们开道。他同意了，我们紧跟其后。到达时已是9点，离开时已过了11点。

格莱斯顿先生说他和夫人走海德公园那条路，绕过了拥堵的街，比较畅通。待会他们准备原路返回。布莱恩先生和我则想要享受街道的氛围，还是想从人群中挤回去。于是我们在人流中缓慢移动，这时我听到一个熟悉的说话声。我对布莱恩说："好像是格莱斯顿先生的声音。"

他说："不可能，我们刚和他分开，他应该在回家的路上。"

"是他的声音没错，我敢肯定。"

我说服他往回退了几步，发现一个蒙着头的家伙，于是走过去对他耳语道："现在是午夜，怎么不在床上睡觉？"

格莱斯顿先生被发现了。我告诉他我认出了他的声音。

他回答说："年轻人，我认为这个时间你应该在睡觉。"

我们聊了一会儿，他小心翼翼地摘下斗篷。现在是子夜时分，他已80高龄，可还像个孩子似的，把妻子送回家后就跑来凑热闹。

格莱斯顿先生的兴趣很广泛。我们最后一次见面是在苏格兰，他精神很好，依然健硕，求知欲也还是那么强烈。他最喜欢缠着我问美国的钢铁建筑。他很想知道为什么第五层或第六层的木石结构比第三层或第四层先完工。我的解释令他很满意。他总会为了真相打破砂锅问到底。

莫利先生（尽管身为勋爵，却始终保持着作家的平实）是我的一位英国友人，以前是《双周评论》的主编，我在英国的第一篇稿就是在那里发表。我们的感情越来越好，到了晚年，已经成为对方的知心密友。每到星期天下午，我们就会给对方写点短信（有时是长信），畅谈心声。我俩性格迥异，成为好朋友，是因

225

为可以互补。我很乐观，他却很悲观，总是看事物的阴暗面，会有很多不必要的担心。他总能挑出部下的不足。而我的世界则是一片光明，是人间天堂——我总是很幸福，很感激命运。莫利很少对什么事着迷，他的判断总是经过深思熟虑，他的眼里只有太阳的斑点。

我给莫利先生讲了一个故事。有一个悲观者，从没感到过快乐；还有一个乐观者，没什么事让他不快乐。他们同时升入天堂，天使向他们道贺。悲观者说："这是个好地方，但这个光环好像不适合我。"

乐观者讲了一个故事进行反驳。撒旦背着吉姆下地狱，到了泉水（温度很高）边，把他放下来，自己去喝水。

这时，一个老朋友对吉姆说："吉姆，你完蛋了，无可救药了。"

吉姆回答说："嘘，安静，这还不是最糟的呢。"

"还有什么比打入地狱更糟的？"

"嘘，"吉姆指了指那个魔鬼，"他还没让我来背他呢。"

莫利也很喜欢音乐，迷恋斯基伯的早晨里悠扬的管风琴。他也喜欢宗教剧，就像亚瑟·巴尔弗。我记得他俩还一起去水晶宫看宗教剧。他俩都是贤德之人，不亚于哲学家。但是巴尔弗最近的作品却含有太多推理和假设——莫利从没这么干过。莫利总是脚踏实地。就算迷了路，也绝不会有"迷失荒野"的危险。

近来在伦敦举行的世界编辑大会上，莫利作了一次震撼发言。他说伯恩斯的几句诗比数百万篇社论更有利于现阶段人们的政治观点和社会状况。他曾表示应该时不时地写出或说出真正的心声。汤姆·佩恩的《人权》就是这样。

之后，他来到斯基伯，我们讨论了一番。我问他引用伯恩斯的哪六句诗，他说不用跟我讲明是哪六句。

"是的，"我说，"我太熟了。"

后来，在蒙特罗斯公园伯恩斯雕像的揭幕礼上，我发言时背诵了那六句诗，莫利肯定了我的猜测。说来也怪，他和我同时获得了蒙特罗斯荣誉市民的称号。

1904年，我终于说服莫利来美国参观，并游历了大半个美国。我们尽力让他结交一些著名人物。一天，我请到伊莱休·鲁特参议员，莫利和他进行了一番长谈。后来，莫利说他很喜欢这个议员，并称赞他是最令他满意的美国政治家。莫利说的没错。不论从对公共事务的判断力还是博学程度来说，伊莱休·鲁特都是佼佼者。

莫利还拜访了罗斯福总统，和那位伟人度过的几天令他收获颇丰。后来，莫利评价说："啊，我在美国看到了两大奇观，罗斯福总统和尼亚加拉瀑布。"

他们真是绝配——一样的咆哮、奔腾、不知疲倦，但又都做着分内的工作。

格莱斯顿先生告诉我阿克顿勋爵的处境，我听从他的建议买下阿克顿图书馆，并允许勋爵有生之年继续使用。不幸的是，他不久就去世了，于是图书馆回到我手中。我认为莫利会管理好它，并会在最后把它交给一个适当的机构。

我准备把图书馆送给他时，他打断我说："我必须告诉你，从你买下图书馆的那天起，我就知道会是这样。格莱斯顿先生不会替你保守秘密，不过他很高兴阿克顿勋爵可以一直使用它。"

我原本认为格莱斯顿和我亲密无间。这也证明格莱斯顿和莫利之间的密切关系。不过在神学观点上，他俩意见不同，反而是阿克顿和格莱斯顿比较接近。

在我为苏格兰大学捐助的第二年，莫利陪英王去巴莫拉尔宫，他发电报说想和我见上一面。见面后，他告诉我，国王很赞赏我为苏格兰大学以及英国其他地方的捐款，很想知道能为我做点什么。

我问他："你怎么答复的？"

莫利回答说："我想什么也不用。"

我说："你做得对，我什么也不想要，除非英王陛下给我一封亲笔信，表达他对我捐赠的赞赏之情，我一定会很感激，让后人为此而自豪。"

陛下答应了，他的亲笔信我已经在前面的章节中展示了出来。

斯基伯成为最适合莫利休养的去处，每年夏天他都带着夫人和我们住在一起。他跟我一样，喜欢泛舟，这是一种最好的理疗。莫利老实正派，遇到紧急情况，从来不慌，然而他也有瞻前顾后的时候，极少数时也会选择逃避。

张伯伦和莫利是一对激进派的死党。在英国我总会同时遇见他俩。刚提出"地方自治"时，在英国引起的轰动不亚于美国。我被邀请在多个城市发表演说，去解释和赞美我们的联盟、团结、自由和强有力的政府。我按张伯伦的要求，给他寄了安娜·L.道斯小姐的《我们如何管理》一书。

我给莫利写信说我不赞成第一个地方自治法案。遇见格莱斯顿先生时，他为此向我表示歉意。我反对限制爱尔兰议员进入国会。美国从来不会阻止南方的州县选送代表来华盛顿。

"如果他们拒绝，那你会怎么做？"他问。

"利用全体民众的力量停止这一行动。"我回答说。

他沉默了一会儿，重复我的话："停止行动。"他感到全身麻木。

在这个问题上，我总是指出美国有很多立法机构，但国会只有一个。英国应该效仿，设立一个国会，三个立法机构——分别设在爱尔兰、苏格兰和威尔士。英国各州可以仿效纽约和弗吉尼亚。但是美国有自己的最高法院，对地方法院和国会有终审权，是最高权威的司法机构。英国可以让国会作为最高权威机构，凌驾于爱尔兰之上。因此，爱尔兰立法机构应该在下议院进行连续三个月的公开讨论，对与国会冲突的部分进行修改。如果存在不合理的法律制度，这个机构就会形同虚设。条款必须威慑那些妄想脱离国会的小人。

我极力向莫利推荐这个方案，他告诉我已经向帕内尔建议过了，但是遭到拒绝。格莱斯顿先生可能会说："看吧，不光我说行不通，别人也一样，我们要的是对英国有利的建议。这套方案我们不适合，那是你们美国的。"

一天早晨，在哈瓦登，格莱斯顿夫人说："威廉告诉我，他跟你长谈了一番。"

是的。他一般不会聆听美国人的演讲，不理解我为何想象不出不同的世袭阶级。我奇怪的是为何人们会主动放弃父母给的名字。更为有趣的是，由于与新贵族打招呼的时候，老贵族总是表现出一副很轻蔑的样子，于是这些花1万英镑买贵族头衔的新贵们或多或少会给民主党派捐款。

布莱恩先生同我们来到伦敦。我告诉格莱斯顿先生，布莱恩先生很惊讶那次与他的见面，那是在纪念无名英雄的游园会上，天气很冷，他恭敬地把老年帽拿在手里。宗教和政府的统一是我的"预测"，我预言民族会再度联合，因为英国已无力扩张。英国的政教分离是不可避免的，因为这是很不正常的现象。其他的民主都没有这种情况。任何一个说英语的国家，都鼓励所有宗教。

格莱斯顿先生问道："你认为国教还能存在多久？"

我不能肯定具体时间，在政教分离方面，他比我有经验。他点头笑了笑。"我预测英国人口会相对减少。"

他问："那你预测英国将来的人口是多少？"

我提到了希腊古国，并说英国有乔叟、莎士比亚、斯宾塞、米尔顿、伯恩斯、斯科特、史蒂文森、培根、克伦威尔、华莱士、布鲁斯、休姆、瓦特·斯宾塞、达尔文，还有其他作过巨大贡献的人，这并非偶然。天才不依赖财富的多少。若干年后，英国将不再是一个工业大国，倒不是因为衰败，而是其他国家在更快的发展，英国可能会成为现代的希腊，成为民族精神的领袖。

他笑起来，重复地说："精神领袖，精神领袖，我喜欢，我喜欢。"

我从没有这么畅快地和人交谈过。我在哈瓦登又一次见到他。最后一次看见他是在1897年冬，戛纳的兰德尔勋爵家里，当时他生着重病。不过风度依然，甚至对我的弟媳大献殷勤。露西第一次见他就迷上了他。我们离开后，她喃喃自语："一只生病的鹰！一只生病的鹰！"他不仅是伟人，还是不折不扣的好人。他为自己赢得了一个头衔："世界第一公民"。

1881年在英国，我同议员塞缪尔·斯托里建立了业务关系，他是一个能干的人，也是一个激进分子，真正的共和党。我们收购了几家英国报纸，进行激进思想的宣传。帕斯莫尔·爱德华兹等一些人加入我们，但结果并不理想。他们没有很好地配合我，我最终不得不放弃，所幸的是没有受到任何经济损失。

我写第三本书《民主主义的胜利》，是因为意识到很多人对美国的了解太少，甚至还有误解。我第一次同格莱斯顿先生谈话是在1882年，令我永远无法忘记。我当时说，如今大部分说英语的民族都建立了共和国，只有很少国家还是君主立宪制。

他说："这是为什么？怎么会这样？"

"格莱斯顿先生，"我说，"在美国，说英语的人比英国的人还多，即使说英语的殖民地人口再加一倍也比不上。"

"噢，是吗？你们的人口是多少？"

"6600万，而你们还不到一半。"

"啊，是呀，真是令人震惊！"

谈到财政情况，从1880年的普查报告里，他惊讶地发现一个只有百年历史的美国竟可以买下大不列颠及爱尔兰，甚至毫不费力地替英国还清全部债务。最令他震惊的是自由贸易。我指出，美国现在是世界第一大工业国。（后来一段时间，霍尔丹大法官也犯了同样的错误，认为英国是世界最大的工业国，不过他感谢我帮他纠正）我引用了马尔霍尔的一份数据：1880年，英国的产值是8.16亿英镑，美国是11.26亿英镑。

这时，他只说了一句话："难以置信！"

听到我另一些陈述后，他惊讶地说："为什么没有人把这些写出来，简单直接地向世界展示这些实情？"

当时，我正为《民主主义的胜利》收集素材，于是我告诉他，我正有意让此书起到这个作用。

《环游世界》和《美国的四驾马车在大不列颠》没让我费多少精力，但是《民主主义的胜利》却大不一样。这须要持之以恒、不辞劳苦地付出。我必须调查、搜集大量数据，随着工作的深入，我越发有了兴趣。那几个月，我感觉脑子里塞满了数据。我工作起来很投入，感觉不到时间的流逝，常常分不清昼夜。我第二次重病就是为写此书的劳累所致，因为我还要兼顾生意上的事。

卡内基成功箴言

我决定与"不要把蛋装在一只篮子里"对着干。我认为"把好蛋放在一只篮子里，然后看好它"才是正确的。

第二十五章
赫伯特·斯宾塞和他的信徒

1882年，赫伯特·斯宾塞和他的朋友劳特先生与我同船，从利物浦出发去纽约旅行。我带着一封莫利先生给他的介绍信，此前在伦敦我已见过这位哲学家。我是他的信徒之一。作为一个老练的旅行者，我要照顾他和劳特先生。旅途中，我们坐在同一桌。

我们的话题转到与伟人初次见面的印象上。是否与想象的不同？每个人都说了自己的经历。我的感受是想象和初次见面的印象有天壤之别。

"哦！"斯宾塞先生说，"以我为例，也是这样吗？"

"是的，"我回答，"我本以为您应该是很隐忍，不会为任何事所动的人。想不到您会对干酪这种小事也激动异常。"

那天他气愤地把乘务员送来的奶酪推到一边，激动地喊道："切达干酪，切达干酪，不是柴郡干酪，我要的是切达干酪！"一般人是不会这样的。

关于此事，他的自传中也曾提到。

斯宾塞喜欢故事，还爱笑。美国的故事似乎更令他着迷，我能给他讲的故事不是很多，总能引来爆笑。他渴望了解西部，那吸引着欧洲的注意力。我跟他讲了一个关于得克萨斯的故事，他特别开心。我们碰到一个从得克萨斯来的移民，问他这个州贫瘠时的情况，他说："如果我拥有得克萨斯，我就会把它卖掉。"

这变化太大了！得克萨斯现已拥有400万人口，据说1882年这里的棉花产量居世界第一。

在匹兹堡时，我和这位哲学家在外散步。我们向房子走去，突然我想起一个美国故事，是关于一位访客的。这位访客漫步到花园，推开门，一只大狗朝他冲了过来。他及时撤退，并迅速关上门。房子的主人喊道："它不会咬你的，会叫的狗不咬人。"

"没错，"来访者战战兢兢地说，"你我都明白这个道理，但是狗明白吗？"

一天，我发现大侄子悄悄地打开门，窥视我们。他妈妈问他为什么要这样做，11岁的小男孩回答说："妈妈，我想见见写这本书的人，他在书中说学语法没有用。"

听到这个故事时，斯宾塞特别开心。他常提起这件事，并很信任那个侄子。

一天，我们谈起在法国加来和美国多佛之间修建隧道的反对签名的事。当时我很惊讶，他说，他同其他人一样渴望这条隧道。他不相信任何反对的理由，签名抗议是因为国民愚蠢，英国的陆军和海军会使民众冲动起来，让他们害怕，并变得穷兵黩武。那时，就又要扩充陆军和海军了。他提到了一度升级的恐慌，当时为防御花费数百万，可后来被证明毫无用处。

一次，我们在大旅馆的房间里，看着特拉法尔加广场，侍卫从那里经过。

我说："斯宾塞先生，在19世纪最文明的地方，我没见过穿着像小丑一样的人，他们没有悲伤和愤怒。就像我们认同自己一样，他们也将此作为职业——绅士的唯一职业——学习杀人的最有效方法。"

斯宾塞先生说："我同意。但是我要告诉你，我是怎样抑制愤怒的。发作的时候，我会用爱默生的故事来安抚自己。他曾因发表反对奴隶制的评论，在法纳尔礼堂的讲台上被呵斥，并被推下台去。他给我形容他当时是多么气愤地走回家，直到推开花园门，看见榆树的枝条伸出了花园，看到群星闪烁，它们在对他说：'怎么这么激动呀，我的孩子。'"我笑了，他也笑了，我感谢他的这个故事。我时常重复"怎么这么激动呀，我的孩子"，这很管用。

在代尔莫尼克，斯宾塞经历了美国之旅最高潮的一次宴会。我陪他去，亲眼目睹他害怕时的样子。我想他以前可能很少当众说话。他最大的担心是不能说些对美国人有利的事情，因为美国人已经开始注意他的工作了。他参加过很多宴会，但没有一次能与这次相比——有众多名人参加。这是引人注目的聚会。有权势的人赠送给斯宾塞先生不少奇珍异宝。伴随亨利·沃德·毕切尔向斯宾塞先生致辞，宴会也进入了高潮。

他说："父母给了我身体，但是您给了我灵魂。关键时刻，您为我指明脱离困境的道路，您是我的导师。"

语调缓慢而严肃，显然是出于感恩。斯宾塞被深深打动了。这引起了强烈反响，之后毕切尔先生就开始说教，阐述自己的观点，这种反应正是他盼望的——通过对斯宾塞先生的感恩来提高教堂的知名度。如果我没记错的话，毕切尔先生的结束语是这样说的，尽管他肯定达尔文进化论的某个观点，然而当人达到最高境界时，上帝就会赐予他（万物中只有人）神圣的灵魂，并给他戴上神圣的光环。

斯宾塞先生对机械有浓厚兴趣。参观我们的工厂时，新设备给他留下了深刻印象。随后几年，他不时谈起这些设备，说他对美国发明的预言彻底实现了。他很庆幸关注了美国。

我去英格兰时，一定会拜访他，他搬到布赖顿之后，我也常去看他。在布赖顿，他的房子朝海，大海深深吸引着他，使他宁静。我从未遇到过有人像他这样对每个动作、每句话，甚至每个细节都仔细权衡，并符合自己的道德观。他并不嘲笑宗教。

斯宾塞是沉着的哲学家，我相信他从小到大，乃至生命终点，都未做过有愧的事，或对不起谁。他做任何事情都尽职尽责。没人比我更强烈地想了解他，因为没人会像我一样对他和达尔文更加信任。

当我和三四个伙伴都对神学（包括超自然力的部分、用赎罪的方式来拯救灵魂的教义以及建立在此之上的各种学说）表示怀疑时，我有幸读到达尔文和斯宾塞的著作，有《综合哲学》《物种的起源》《社会静态学》《人类的遗传》。当读到人类是怎样获得有利的精神食粮，取其精华弃其糟粕时，我如醍醐灌顶，顿时豁然开朗。我不仅摆脱了宗教和神学，也找到人类发展的真理。"万物都是不断进化的"，这成了我的座右铭。人类从低级到高级，进化没有尽头。他站在阳光下瞭望远方，脸颊放光。

人体是有机体，抵制有害物质、汲取有益成分是它的本能。我们可以想象造世主，他让万物生灵像天使一样无忧无虑地生活。即使做不到这一点，人类也早已被赋予了进步而不是后退的力量。《旧约》和《新约》被保留了下来，就像其他国家的宗教圣经一样，有其自身价值，或作为过去的记录，或是一堂谆谆教导的好课。像古代圣经的作者一样，我们的想法也应该立足于当代。伟大的圣人、教育家孔子教育我们应该尽力履行此生的职责，不受外物干扰，这是最起码的。将来的事情，是等到了那个时候才要考虑。

　　我是阳光中的一粒微尘，在庄严、神秘的宇宙里是那么渺小。我耸耸肩，看到一个真理。富兰克林是对的："对上帝最高的敬畏就是为人类服务。"但这并不能阻止一个人追求不朽的名声。生活在未来世界的人并不会比现在的人拥有更多奇迹。

卡内基成功箴言

　　我宁愿散尽财富，不做亿万富翁——是的，如果不捐赠，我的资产是他们的1000倍，是的。

第二十六章
布莱恩和哈里森

有人因开公司而著名，有人因讲故事而出名。布莱恩先生是我见过的最擅长讲故事的人之一。他的故事诙谐、朴实、尖锐，适合各种场合。

布莱恩在约克镇的演讲振奋人心。演讲中专门提到了英语民族之间的友谊，希望两个民族之间能和平友好，友谊长存。他读这篇演讲稿给我听时，我听到'长存'这个词，说："部长大人，我能建议您换一个词吗？我不喜欢'长存'。为什么不用'永存'？"

"好的，太棒了！"

于是布莱恩演讲中便改"长存"为"永存"。

从约克镇回来后，我们度过了一个美好的夜晚。月光下，我们坐在船尾，前方奏响了军乐。我们谈到音乐的魅力。那时，布莱恩先生说他最爱的曲子是《快到来的甜蜜》，他最后一次听是在加菲尔德总统的葬礼上，也是这支乐队在演奏。他说一生中只有那一刻他被这甜美的声音深深感染。他恳求这首曲子放在最后演奏。他和格莱斯顿都喜欢朴素的音乐。他们欣赏贝多芬和一流的大师，对瓦格纳却一无所知。

我问他在国会听过的最成功的演讲是哪一次，他说是一个德国人的演讲——宾夕法尼亚州的前州长里特。当时正在讨论为内地引入新鲜用水拨款的初级法案，议院产生了分歧。狭义解释宪法派认为这是违犯宪法的，只有盐海的海港才属联邦政府。争论相当激烈，却没有任何结果。这时，令人惊讶的是，地方长官里特第一次慢慢地站起。会场立刻安静下来。这位年长的德国人，没了统治权的人，一个从不发言的人，将会说些什么呢？

他只说："我不懂什么宪法，但我知道，没有这样一条宪法——不让用新鲜的水来洗澡，而是用盐水。"议员们爆发出无法控制的笑声，随之法案也被通过。

从此开始了新的历程，政府出钱，陆军和海军派工程师，达到了最好的方式。此前，政府常花很多钱，收获却很少。需要不断完善宪法以满足膨胀人口的新需求。

如果问布莱恩先生，在众多故事中哪个最精彩，我想应该是下面这个：

那是奴隶制度和地铁的时代，在俄亥俄州河畔，有一位著名的民主党人。他是法国的法官，他对一些反奴隶制度的朋友说，想把办公室提供给河对面逃过来的黑人，这些黑人正想乘地铁逃到北方去。他不理解他们为什么想逃跑。他这么做了。

法官："让我猜猜你们为什么要从肯塔基逃出来。是主人太坏吗？"

奴隶："哦，不，法官大人，他是一位善良仁慈的主人。"

法官："他让你们工作太辛苦？"

奴隶："不，我从没感到劳累。"

法官犹豫了一下："是他没有让你们吃饱？"

奴隶："不够吃？噢，上帝，足够吃的！"

法官："那是不够穿？"

奴隶："对我来说，穿的够好的了，法官大人。"

法官："那是住得不舒服吗？"

奴隶："哦，上帝，这让我想起了我在肯塔基的漂亮的小屋！"

法官停顿了一下："既然你有善良、仁慈的主人，你们也不会劳累、吃得饱穿得暖，住着漂亮的房子，我不明白你们为什么要逃跑？"

奴隶："是的，法官大人，我的确生活得很好，可是你会愿意做一名奴隶吗？"

这位法官仿佛看到了一线光芒。

"自由有着无穷的魅力，那些奴隶无论过得多满足，总会向往自由的滋味。"

黑人之所以冒险，最大的可能就是他们要争取自由，并最终取得美国的公民权。

我从没见过布莱恩先生如此高兴，那是在克鲁尼。他好像又回到孩提时代，和我们一起嬉闹。他从没用过苍蝇钓鱼。我带他去拉甘湾，他显得很笨拙，但很快就能把握好鱼竿了。我永远不会忘记他第一次钓到鱼的情景："我的朋友，你教会我一项新鲜的玩意。缅因州有100多个垂钓港湾，以后度假时我就来这钓鲑鱼。"

克鲁尼的6月，没有夜晚。我们在草地上跳舞，从黎明跳到黄昏。布莱恩夫人、道奇小姐、布莱恩先生，还有其他客人都在学苏格兰舞，他们像苏格兰高地的人一样喊叫。那两周，我们欢声笑语。后来搬到纽约，我们在家里举行晚会，请的主要是克鲁尼的客人。布莱恩先生对大家说，他在克鲁尼时发现一个真正的假日应该这样度过："把小事变成生命中最重要的大事。"

1888年哈里森总统任期传到了布莱恩先生，而他却正和我们一起旅行。布莱恩夫妇、玛格丽特·布莱恩小姐、黑尔议员及夫人、道奇小姐，还有沃尔特·达姆罗施和我们坐同一趟车，从伦敦到克鲁尼城堡。在我们从爱丁堡快到林利斯戈时，我们发现市长和地方长官全都身着华丽官服，在宾馆接见我们。这时布莱恩先生进来了，手里拿着一份电报。他把电报递给我，问我这是什么意思。我看见电报上写着"要用密码"。这封电报是芝加哥议会的议员艾肯斯发来的。布莱恩先生之前曾发电报，表示拒绝接受总统职位，除非俄亥俄州的州长谢尔曼同意。艾肯斯议员非常希望布莱恩先生能与他保持联络。

我对布莱恩先生说，我曾给了这位议员一串数字密码，同时也记在了一张纸片上，我把这张纸片放在了钱夹里。布莱恩是"胜利者"、哈里森为"王牌"、新泽西的费尔普斯是"明星"等等。于是我就在回电中写了"王牌"和"明星"。这件事发生在晚上。

当晚我们都睡了。第二天发现整个党派的人员都被安排在这个城市接受检阅，他们身穿制服，遍布在通往我们住的宫殿的主要路段，四处飘扬着彩旗。当地官员为布莱恩先生安排了欢迎仪式，布莱恩也作了简短致辞。就在这时，一份电报送到了他手上："哈里森和莫顿提名"的费尔普斯已经被淘汰了。所以布莱恩先生永远错过了掌握最高政治权利的机会。但是之后他公平地当选为纽约州的长官。

作为哈里森的内阁大臣，布莱恩有一项不可磨灭的功勋，那就是泛美大会，这是他最伟大的胜利。我唯一的政治任命就是在这一次，即泛美大会美国代表团成员。它给我呈现了南美共和国最有趣的现状和他们各种各样的问题。我们和除巴西外的各个共和国的代表举行了会谈。一个新的组织成立了，巴西成为17个（现在是21个）姊妹成员国中的一员。巴西代表们兴奋欢呼。我们的政府应该慎重考虑南方邻国国民的感情。我们不能控制他们，而是要促进友好合作、和平共处。

我和曼纽尔·金塔纳坐在一起，他后来成为阿根廷总统。他对整个过程充满了浓厚兴趣。一天，他为一件小事感到不满，引发了和大会主席布莱恩的激烈会谈。我认为这只是源于语言上的一个错误翻译。我起身走到主席后面，对他耳语说我感到这是语言翻译上的误会，是可以更正的，是否可以暂时休会，他点头同意。我回到座位上，休会期间，一切误会都顺利解决了。正要离开会场时，发生了一件事，一位代表伸出胳膊搭着我，另一只手拍着我的胸脯，又指了指我的钱袋，兴奋地说："卡内基先生，你这里的东西比这里多多了。"我们南部的兄弟们热爱民主。那儿的气候温暖，人心更温暖。

1891年，哈里森总统和我从华盛顿到匹兹堡，我曾宣布要办一所卡内基礼堂和图书馆，这些正是我捐给阿尔勒格尼城的。我们白天乘火车游遍了巴尔的摩和俄亥俄州，玩得很开心。总统对沿途的美景尤其着迷。我们晚上才到匹兹堡，燃烧的炭炉和浓烟让他吃惊。有一个对匹兹堡非常经典的描述：从山顶上看，"就像烧开的水壶"，这样的描述真是再恰当不过了。他是第一个参观匹兹堡的总统。他的祖父老哈里森总统曾在当选后，在这里换船去华盛顿。

揭幕仪式因为有这位总统的出席而办得格外隆重，一切都进展顺利。第二天早上，总统想参观钢铁厂，他被护送到那儿，受到钢铁工人们的热烈欢迎。我给他引见了每一位部门经理。最后，我们经过施瓦布先生身边时，总统转向我说："这是怎么了，卡内基先生？你只引见一些孩子给我。"

"是的，总统先生，但你没注意到他们都是些怎样的孩子吗？"

"是的，他们都是你的得力干将。"他回答说。

他是对的，这些年轻人都是世上难找的青年才俊。他们拥有公司股份，而不须承担任何风险。得到"合伙人"的分红与领取"雇员"的工资是完全不同的。

总统不仅参观了匹兹堡，还视察了河对岸的阿尔勒格尼。匹兹堡的议员们让我想起了我第一次提出给匹兹堡捐图书馆和会堂的事，他们拒绝了，这时阿尔勒格尼请求我是否可以转捐给他们，我同意了。总统亲临阿尔勒格尼的图书馆和会堂的揭幕仪式，这让匹兹堡很后悔。阿尔勒格尼图书馆开放后的第二天早晨，匹兹堡的要人来找我，问我能否重新考虑给匹兹堡捐助。如果我同意的话，匹兹堡承诺会拿出比我原来要求的更多的钱来维护它。我欣然应允，把原来的25万美元增加到100万美元。从此，我建立了卡内基基金会，并开始对匹兹堡的一系列捐赠。

匹兹堡的市民自由享受着艺术。一直以来，他们都拥有自己固定的管弦乐队——在美国只有波士顿和芝加哥以为此荣。这儿还有一所博物馆和美术学校。捐赠图书馆、艺廊、博物馆、音乐厅，是我生命中最得意的成就。我很留恋这里，我的创业之路就是从这里开始的。我至今深爱着这个古老的、烟熏雾绕的匹兹堡。

斯宾塞来匹兹堡看望我们时，得知匹兹堡曾拒绝接受我的捐赠。当我第二次捐赠时，他写信给我，说他不明白我怎么改变了初衷，如果是他肯定不会这么做，匹兹堡不值得拥有这些捐赠。我给这位哲学家回信，说如果我第一次向匹兹堡捐赠是想得到感激，那么我就活该遭到谴责，活该说我只是贪图个人虚名。我能理解他。但是在我看来，这对匹兹堡的人民来说是一件好事，我是依靠他们才获得了财富。毫无道理的诬陷，只会让我更渴望做对他们有利的事情，给他们潜移默化的影响——感谢上帝，教育协会终于办起来了。匹兹堡已经很好地扮演了自己的角色。

卡内基成功箴言

我演说一贯的两个原则是：在听众面前要放松，就和在家一样；你是在和他们谈话，而不是个人演讲，不要把自己当成别人，你就是你。

第二十七章
华盛顿外交

哈里森总统当过兵，所以任期内的好战倾向很明显。这让他的一些朋友感到担心。加拿大长官索尔兹伯里勋爵就白令海的问题批判布莱恩时，哈里森决定放弃公判，采取极端方式。幸好他周围有很多头脑冷静的人。此外，他还支持武力反对南美。

与智利发生争端时，有段时期哈里森总统的武力行动似乎无法阻止。智利的权威人士为此轻率地发表了一些声明，把总统给激怒了。我去华盛顿，想看看能否做点什么缓和这场战争。作为首任泛美大会的代表，我非常了解这些南部成员国的代表，且与他们相处甚好。

当我走进肖勒姆宾馆时，正巧看到了密苏里州的亨德森参议长，他是我在议会中结识的朋友。他停下来跟我打招呼，看着街道对面说："总统先生正要召见你。"我穿过了街道。

"你好，卡内基，你什么时候到的？"

"刚到，总统先生，我刚进宾馆。"

"你来这做什么？"

"想和你谈谈。"

"好的,一起散步吧,我们边走边谈。"

黄昏,我们漫步在华盛顿的街道,讨论了一个多小时,气氛融洽。我说他曾任命我为泛美大会的代表。为欢送南美洲的代表们离开时举行的阅兵仪式上,他曾发表演说,我们不为了显示军队,我们宁愿没有军队,也不需要军队,仅仅是出于对代表们的敬意。我们是共和国的老大哥,无论发生什么事情,都应该通过和平公断解决。而如今我惊讶又伤心地发现他显然已经走上了一条完全不同的道路,竟因一点小争端就对智利武力相要挟。

"你是纽约人,除了生意和金钱什么也不会想。那就是纽约人的思想,他们丝毫不会关心国家的尊严和荣誉。"总统说。

"总统先生,作为最大的钢铁制造商,战争将带给我数百万的财产,我将是战争的最大受益者。"

"哦,你说得没错,我倒给忘了。"

"总统先生,如果我要打仗,就会找一个和我身材相当的对手。"

"很好,可你愿意为此让你的国家蒙羞吗?"

"总统先生,除了我自己没人能够侮辱我。尊严是自己给的。"

"你知道吗,我们的海员正遭受对岸的进攻,已经有两人牺牲了,你能无动于衷吗?"他责问道。

"总统先生,我不认为喝醉的海员之间发生争吵,美国就会受到侮辱。更何况,他们也不是美国的海员,他们是外国人,从他们的姓名上你就会知道。我倒倾向将那位船长革职,因为当镇上出现骚乱时,他竟然允许海员们上岸。"

我们一直聊到白宫门口，这时天已经黑了。总统说晚上要外出，邀我明晚与他共进晚餐，他说那时没有外人，我们可以接着谈。

"非常荣幸能够与你明晚共进晚餐。"我说。随后就分手了。

第二天早上，我见到了布莱恩先生，他是当时的国务卿。他从座位上起来，伸出双手。

"嘿，昨晚为什么没同我们一起吃晚饭？当总统先生告诉布莱恩夫人你在这里时，她说：'哎呀，卡内基先生在这里，我刚好还有一个空席位呢，他来了就正好。'"

"是的，布莱恩先生，没去见你们真是幸运。"我回答说，接着跟他解释与总统的谈话。

"是的，"他说，"真是幸运。否则总统可能会以为我们是串通好的。"

西弗吉尼亚的埃尔金斯议员，是布莱恩先生的挚友，也是总统先生要好的朋友。他碰巧进来，说他见了总统，总统告诉他昨晚与我关于智利问题的谈话，而我对此反应强烈。

"哦，总统先生，"埃尔金斯议员说道，"卡内基先生居然对您说得如此坦白，就像对我一样，这不太可能。尽管他容易冲动，但在谈话中他会很自然地对您有所保留。"

总统回答："我没有看到丝毫保留的迹象，我敢保证。"

这件事得到了调解，多亏了布莱恩先生的和平政策。据我所知，他不止一次地避免了美国的外交纠纷。他曾被认为是好斗的美国人。而他阻止总统动武反而让许多人无法理解。

第二天晚宴上，我和总统进行了友好的长谈，但他有点注意力涣散。于是我斗胆劝他休息一段时间，出去散散心。他说早有此意，但是最高法院的布拉德利法官刚去世，他必须找到一位合适的继承人。我说有一个人选，但我不能推荐，因为我们曾一起钓鱼，是很亲密的朋友，朋友之间不能做出公正评价，但他可以调查一下——他就是匹兹堡的希拉斯先生。他调查后任命了希拉斯。希拉斯先生得到了各地的大力支持。如果不是哈里森总统的肯定，他是不会任命的，无论是我还是其他人的荐举都没有用。

索尔兹伯里勋爵否认就白令海问题达成协议，总统被激怒了，拒绝和平解决的方案。布莱恩先生与总统的意见一致。索尔兹伯里曾通过他们的大使表示赞同，现在又反悔了。这两个人都没有和解的意思了。总统的表现更加强烈。经过和布莱恩先生的单独交谈，我向他解释说索尔兹伯里是无能为力的。迫于加拿大的压力，他不能再继续履行他当初草率签下的协议。他和纽芬兰也有纠纷。索尔兹伯里已经尽力了。后来布莱恩认识到这一点，并成功让总统与他站在同一战线。

在解决白令海纠纷时，发生了一些很有趣的事。一天，加拿大总理约翰·麦克唐纳和随从来到华盛顿，要求布莱恩安排与总统的会面，并商议此事。布莱恩先生回答说会去请示总统，并于次日早上答复他。

之后，他与我说起这件事。布莱恩先生说，"当他们要求我安排与总统会面时，我就非常清楚总统是不会正式接见他们的。"加拿大保持中立，"在联盟中的地位和美国一样尊贵。"他担心一旦安排加拿大总理与纽约的政界要人会面，会从华盛顿传来一些议论。

布莱恩先生的确是杰出的政治家，他思路宽阔、判断准确、向往和平。在对智利、对白令海的问题上，他都能保持冷静、智慧，主张和平。尤其是在改善英语民族的关系方面起了良好的促进作用。美国独立战争时，法国曾给予我们帮助，布莱恩对此非常感谢，但他并不因此而放松警惕。

在伦敦的一次晚宴上，布莱恩与别人进行了短兵相接的舌战，并提到了《克莱顿－布尔沃条约》。会场上一位著名的政治家说，他们感觉布莱恩总是对祖国（英国）存有敌意。布莱恩当场否认。他那些有关《克莱顿－布尔沃条约》的信件就是证明。

布莱恩先生回答说："作为国务卿，必须对各类条约负责。我惊讶地发现你们的外交大臣在外务上总是跟我们说，你们的国王陛下'希望'如何如何。作为国务卿的我却总是说我们的总统'冒昧恳求'。所以，当我收到急件，说你们的国王陛下'希望'怎样时，我便回复你们，说我们的总统'希望'怎样。"

"噢，你承认改动了信件？"对方向他射来一支利箭。

"并没有什么变化。我们只将'冒昧恳求'改成了'希望'。这是跟你们学的，如果你们能够'冒昧恳求'，就会发现我们总统也将永远谦逊。然而只要你们'希望'，美国也只好'希望'了。"

一次晚餐上，约瑟夫·张伯伦先生和苏格兰钢铁公司的总裁查尔斯·特纳特爵士共进晚宴。期间，张伯伦先生说他的朋友卡内基是个好人，他们很高兴看见卡内基成功，但不知道为什么美国政府给卡内基每年100万英镑甚至更多的补贴，难道是为了生产钢轨吗？

"哦，"布莱恩先生说，"我们倒不这样认为。我对铁路有兴趣。以前，我们常常从你那里买钢轨，每吨90美元，一点不少。我来这里时，美国政府和我们的朋友卡内基签订了一份合同，他以每吨30美元的价格向我们出售钢轨。如果卡内基和其他人不敢把资产用于发展大西洋彼岸的美国，那么我们今天可能还在向你们高价购买钢轨。"

　　这时，查尔斯先生插进来说："是这样的，90美元是我们商定的出口价。"

　　布莱恩先生微笑道："张伯伦先生，你反对卡内基的微词靠不住啊。"

　　"是呀，"他回答道，"我怎么能站得住呢？查尔斯先生这样出卖我。"随后爆发一阵大笑。

　　布莱恩是一个难得的健谈者，他的演讲有一个很大的优点：即使是最挑剔的听众，也挑不出他的错。他的敏锐反应，令人心旷神怡，他造就了一位卓越而稳重的总统。他也很保守，在所有的国际问题上力主和平。

卡内基成功箴言

　　我恪守一个原则，那就是决不把自己的名字签在一份明知还不起的合约上。或者借用一位朋友的名言——不要踏进你明知不能过的河里。

250

第二十八章
海和麦金利总统

在英格兰和苏格兰时，约翰·海是我家常客。1898年，去斯基伯看我们的前夕，他被麦金利总统召回，担任国务卿。没有人记录他在办公室的事。他用自信和真诚鼓舞着人们，总是热情高涨。他痛恨战争，认为战争是"最凶残愚蠢的东西"。

去纽约的路上，我在伦敦遇见了海和亨利·怀特（公使馆秘书，后来成了驻法大使），当时美国攻占菲律宾是热点话题。高兴的是，我们观点相似，都认为这严重背离了美国的传统政策。美国一直避免强占远距离和不接壤的国家，保持本土范围在北美以内，尤其防止卷入军国主义旋涡。在伦敦，海的办公室里，我们对以上观点达成共识。在那之前，他曾给我写了下面这个便条：

1898 年 8 月 22 日于伦敦

亲爱的卡内基：

　　非常感谢你在斯基伯对我发的牢骚，也感谢你善意的来信。当我听到、读到这么多善意而逆耳的话时，真是既严肃又有趣。似乎说的是另外一个人，而事实上我期望成为这样的人——在离职前一直保持仁爱和友善的形象。

我怀着极大兴趣读了你发表在《北美》中的文章。以我当时的立场，不能支持你。我只关心一个问题，那就是现在我们要从菲律宾撤退多远？庆幸的是这问题不需要我来解决。

原本他庆幸此事与他无关，奇怪的是命运却偏偏将此任务安排给了他。

"拳师号"问题上，他是最初唯一对中国友好的人，并成功保全了和平条约。他把英国看成民族的一部分，充满深情。这一点上，总统和他完全一致。总统也十分感谢英国，因为在古巴战争中，英国反对倾向于西班牙的其他欧洲势力。

巴拿马运河的《海-庞斯福特条约》，令许多人不满。埃尔金斯议员告诉我，他看了我在《纽约论坛》中发表的对此条约的异议。当时他也正要就此发言，所以这篇文章出现的很是时候。文章刊登后不久，我便去了华盛顿。早上和汉纳议员一起进白宫，发现总统正为参议院修订条款的事情担忧。我认为英国会很快默许这件事的，并把这想法对总统说了。英国不可能提出任何理由，因为是我们在投资，而且除了我们，他们是最大的赢家。

汉纳议员问我是否见过"约翰"，他和麦金利总统总是这样称呼海先生。我说还没见过。于是，他便让我去看看海，让他开心起来。海为修订条款的事一直闷闷不乐。我照做了。我告诉海先生，《克莱顿－布尔沃条约》已被参议院修订，目前还没有任何人知道这件事，当然也没人关心。《海－庞斯福特条约》将会按照修订后的执行，然而不会有人关心它是否还是原来的内容。海仍对此表示怀疑，认为英国不会轻易接受。不久，和他共进晚餐时，他说我有先见之明，一切都进展得很顺利。

这是当然的！实际上，英国盼望着运河的建成，愿意为此做出让步。现在，这条运河属于美国，不掺杂任何国际因素。也许当时并不适合修建运河。但相比修建极具破坏性的军舰来说，花费三四亿美元来修建运河还是值得的。

我们最后一次见面在他家吃午餐时，当时罗斯福总统正在审批参议院修订的仲裁条约。仲裁员们极力劝说总统批准条约。我从和他的谈话中发现，如果总统批准了条约，对海的刺激会很强烈。如果为了安慰患病的朋友，罗斯福总统不批准条约，我不会感到惊讶。我也不会做任何伤害海的事情。关于条约的事，海十分固执，没有丝毫妥协。离开海家时，我对妻子说可能和他再无相见之日了。后来果然不幸言中。

海是华盛顿卡内基协会主席兼理事，给过协会大力支持和密切关注，我们对他心存感激。作为一位政治家，他在较短的时间内负有盛名，是我认识的人里最具魅力的一位。有哪位政客有过这么多密友？我保存着他的一封短信，他给了我在文学方面最大的恭维。对我而言，今天的世界已变得黯然失色，因为海离开了我们。

美西战争起源于古巴革命恐怖主义谣言。麦金利总统努力避免这场战争。西班牙大臣离开华盛顿后，法国大使以西班牙代表的身份来访。和平谈判得以继续进行。西班牙提出让古巴享有自治权。总统回答说他不明白"自治"一词的准确含义，他希望古巴能拥有像加拿大那样的权利。法国大使给总统看了一份电报，上面说西班牙同意他提出的条件。我们亲爱的总统认为一切都解决了。可是，事实很明显，全然不是那么回事。

在纽约的时候，发言人里德常在周日早上来看我。有一次我刚从欧洲回来，他来电话说再也控制不住议院的局势了。不久，他就打算离开，并在议院发表辞职演讲，跟议院解释西班牙保证让古巴自治完全是徒劳。唉！太迟了，太迟了。

国会强烈质疑道："西班牙又在故技重施些什么？"国会中，众多的共和党也投票支持战争。一股旋风横扫议院，并不断加强。哈瓦那港的缅因州军舰被炸一事，有些人认为是西班牙人干的。正是这种猜测使得大家相信西班牙有能力和动机备战。

参议院代表曾在古巴目睹了集中营的情景，他的描述令议院震惊。人们认为"西班牙又在故技重施"。麦金利总统和他的和平政策也因此被搁置了。他无能为力了。这时政府宣布，战争不是为了扩张领土，而是承认古巴的独立——这一点始终不变。我们应该牢记，因为这是此次战争的闪光点。对菲律宾的侵占是一个污点。不仅霸占了别国的领土，还为此付给了西班牙2000万美元。在攻占西班牙的过程中，菲律宾已经成了我们的同盟国。经总统授意，内阁只能在菲律宾境内建造一家装煤站。据说这些都是依据当初巴黎和平委员通过电报协商同意的。当时，麦金利总统正在西部旅行。当他谈及国旗和杜威的胜利时，当然迎来了一片欢呼。可回来后，他对撤退耿耿于怀，认为这将引起大家的不满，于是改变了当初的和平政策。他的一位内阁告诉我，每个人都反对他的转变。一位议员说，和平委员会的成员之一戴法官，曾经从巴黎写过一封抗议信，如果刊登出来，准能与华盛顿的告别演说媲美，写得可真好。

这时，内阁要员、我的朋友科尼利厄斯·N.布利斯，来电邀请我去华盛顿看望总统，他说："只有你能影响他。自他从西部回来后，我们没人劝得了他。"

我去了华盛顿见了总统。但他相当固执。他说撤退将会爆发一场内战。终于，他劝服了部长们，说他迫于当前压力，坚称只是暂时占领，一定会有解决办法。内阁做出了让步。

麦金利总统任命科尔内大学的舒尔曼校长为委员会主席，派其出访菲律宾。塔夫脱法官曾极力反对美国的政策，舒尔曼校长也反对攻占。塔夫脱法官公开表示派一个指责攻占的人出访很奇怪。总统却说这正是他派舒尔曼校长出访的理由。这倒也不坏，但是停止攻占和放弃曾经购买的领土是不同的两件事。很快就会见分晓。

布莱恩先生曾经可以让议院阻止与西班牙签署的一项和平条约，该条约付给西班牙2000万美元。我去华盛顿，想为此做点什么。有人告诉我，布莱恩先生建议朋友们支持这个条约，因为这能让他们的党派受益，而使共和党丢尽面子。"为一场革命付出2000万美元"能挫败其他党派。但有7个布莱恩同党投票极力反对占领菲律宾。

在纽约时，布莱恩先生曾就此事给我电话。因为我明确反对购买领土。在奥马哈时，我发电报给他解释当时的情形，请他让朋友们按照自己的判断决定。他的回答正如我听说的那样——这个条约对他们的党派有益。我原想他不值得为这件事努力，这会对党派间的政治利益产生可悲的后果。而布莱恩先生的一句话就能将国家从危难之中解救出来。后来的许多年里，我对他都没有好感。在我看来，他是一个为了党派宁愿牺牲国家利益的人。

投票结束后，我去拜访麦金利总统，告诉他，他是怎么获得成功的，并建议他向布莱恩致以最大的感谢。对麦金利总统以及所有的美国政治家们来说，在几千里外占领一个殖民地，都是一件新奇的事。他们根本不了解其中的艰难险阻。美国犯了第一个令人忧伤的国际错误——使自己卷入了国际军国主义的旋涡中。这么大的变化只是源于他们的一念之差。

几周前（1907年），与罗斯福总统在白宫共进晚餐时，他指着塔夫脱部长和自己说："如果你想知道在美国谁最渴望回避菲律宾问题，那就是我们。"

"那么您当时为什么不呢？"我反问，"那样的话，人们会很高兴的。"

但是，总统和塔夫脱法官都认为我们有责任应对这座岛的自治准备。这正是"在没学会游泳之前，不要下水"。然而，终究有一天是要下水的。

占领者理直气壮地说，就算我们不强占菲律宾，德国也会占领它。他们想不到的是，那意味着英国允许德国在澳门设立一处海军驻地，那与英国在东方的海军基地相距不远。不久后英国也会容许德国在距利物浦不远的金斯敦、爱尔兰建立基地。我惊讶地听到有人（像塔夫脱法官这样的人，尽管起初反对占领）在讨论下一步该怎么办时，居然给出这样的理由。我们对外交关系了解甚少。迄今为止，我们的国家独立而完整。如果我们某一天遭遇分裂，那将会很不幸。

卡内基成功箴言

有一条准则可以给年轻的演讲家参考：一旦你们站在听众面前，必须明白他们只是普通人，对他们演讲就像日常交流和别人说话一样。只要你把自己当作他们中的一员——而不是什么特殊人物，那么你的心里就不会有任何障碍。

第二十九章
会见德国皇帝

我在圣·安德鲁斯大学的第一篇院长致辞引起了德国皇帝的关注。他在纽约时，让巴林先生带话给我，说他把那篇演讲稿读了一遍。他本人也寄了一份自己的演讲稿副本给我，那是他在长子的献祭仪式上用的。随后，他邀请我出访德国。但因忙于其他事务，直到1907年6月，我才和妻子起程前往基尔。我们的驻德大使塔尔先生和夫人热情友好地接待了我们。我们在那里逗留了三天，并通过他们认识了许多杰出的公众人物。

第一天上午，塔尔先生带我上皇家游艇。我没想到会在那里见到皇帝，他碰巧也在游艇上。他见到塔尔先生就问，为何一大早驾艇出海。塔尔先生解释说是带我来的。

他问道："那为什么现在不引见？我很想见他。"

我当时正和一群海军上将聊天，他们正为一次会议做准备。我没有注意到塔尔先生和后面的皇帝。有人轻轻拍了一下我的肩膀，我转身一看。

"卡内基先生，皇帝陛下来了。"

我还没反应过来，皇帝已站在了我的面前。我举起双手，大声道："这正是我所盼望的，没有隆重的仪式，天之骄子从天而降。"

　　我继续说："尊敬的陛下，我收到您的邀请，经历了两天两夜来到这儿。我以前从没见过头戴皇冠的皇帝。"

　　他露出了迷人的笑："噢！是的，是的，我读过你的许多本书。你不喜欢皇帝。"

　　"是的，陛下，我是不喜欢皇帝。但当我发现在皇帝的头衔下，是一个真正的人时，我会喜欢他的。"

　　"啊！我知道，有一位皇帝你一定喜欢，他是苏格兰国王罗伯特·布鲁斯。他是我青年时代的英雄。我很崇拜他。"

　　"是的，陛下，我喜欢他。他葬在丹佛姆林大教堂，那里是我的故乡。童年时，我常去瞻仰这座高耸的纪念碑——上面写着'罗伯特·布鲁斯国王'。然而，陛下，布鲁斯不仅仅是一位国王，他更是人民的领袖。他不是第一个，华莱士才是人民领袖的第一人。陛下，我现在已经拥有了丹佛姆林的马尔科姆国王塔——您珍贵的苏格兰血统也是从那儿来的。或许，您听过这支古老的歌谣——《帕特里克·斯彭斯先生》。'国王坐在丹佛姆林塔上，喝着血红色的葡萄酒。'我希望有机会邀请您到苏格兰祖先的塔上去看一看，您一定会感叹他惊人的记忆力的。"

　　他大声说："那太好了，苏格兰人比德国人更敏锐、更聪明。德国人反应太迟钝了。"

　　"陛下，关于苏格兰的事情，我不能接受您的看法。"

　　他笑了起来，和我挥手道别，并邀请道："今晚和我共进晚餐吧。"他说今晚将招待刚刚到来的海军上将们。

大约有60人参加晚宴，我们都很开心。皇帝陛下坐在我的对面，非常友好地与我们举杯共饮。他问我是否告诉过坐在我身旁的比洛王子——他的偶像布鲁斯长眠在我的家乡丹佛姆林，而我正是他祖先在皮坦克里夫峡谷的塔的主人。

"不，"我回答，"陛下，虽然我与您的谈话有点轻率，但是我保证，我与贵国的交往是严肃认真的。"

一天晚上，我们在格莱特夫人的游艇上饮酒。皇帝陛下也出席了，我告诉他罗斯福总统最近对我说，希望能有机会拜访他。罗斯福总统认为一次实质性的谈话将会促进事情的顺利进行。我也这样认为。皇帝表示同意，非常希望能见到总统先生，并欢迎他来德国。我向他建议，他不受宪法的约束，可以去美国看望总统。

"啊，但是我的国家需要我！我怎么可能离开呢？"

我回答："有一年，我离开美国避暑，和手下们道别时，说我很抱歉离开他们，让他们在烈日下承担繁重的工作。但我每年都要抽空度假，不管我多累，只要抽出半小时在船头上站一会，看看大西洋的波浪，就会感到很放松。我那聪明的经理琼斯船长反驳：'哦，先生，我们也会因您去放松而得到放松的。'也许您的人民也有同感呢，陛下。"

他笑了起来。这令他产生了新的想法，再三表示渴望会见罗斯福总统。

于是我说："好的，陛下，您和总统在一起时可能会发生摩擦，到时我将会支持您。"

他笑道："噢，我明白了！你是想让我们各自骑马。好的，只要你让罗斯福先生第一个上马，我答应一定紧跟其后。"

"不，陛下。我不会上当去尝试为这样两个一前一后的家伙赶马。因为你们从没有骑马经验。所以我得让你们在中间，并驾齐驱，以便保护你们。"我禁不住回答道。

谁也比不上这位皇帝对故事的兴趣。他是一个不错的朋友。我认为一个热心肠的人也必然会渴望世界和平。有一件事能够充分说明他是主张和平的。那就是在他统治的24年里，从未发生过流血事件。他认为德国海军实力很弱，永远不会对英国构成威胁。然而，我认为没有必要夸大其词。了解到比洛王子的观点，我认为影响世界和平的危险不可能来自于德国。德国希望世界和平、工业发达，他的目标是增强经济实力。这点他预测错了。（题外话）

我请德国大使施坦贝格男爵给皇帝送了本书——《罗斯福政策》。我为书作了序，这令总统很高兴。皇帝给我一尊他本人的精美铜像，还附有一封信，这也让我欣喜万分。他不仅是一位皇帝，还是一位更伟大的人物——力求改善现状、提倡戒酒。禁止决斗，为的是保护世界和平。

我一度认为皇帝就是天子，与他的见面使我更加坚信这一点。我有种强烈的感觉，他将会做出经天纬地的大事。他已经和平统治了德国27年，除此之外，他还会为各民族和国家的和平而做出贡献。仅仅维护本国的和平是不够的，他还被邀请为国际间的事物做出公断。他不仅是德国的和平守护者，还是世界的和平使者，这都是人民所期望的。

1912年，在柏林宏伟的皇宫，我站在皇帝面前，呈给他一个装了演讲稿的匣子，祝贺他25年来的和平统治，他的手上没有沾过一点血腥。他向我张开双臂，大声说："卡内基，25年的和平，我们希望能更长一些。"

"在这伟大的事业上，您是我们最重要的同盟者。"

迄今为止，他只是静观其变，没有行动。据我所知，如果他没有被军人团体包围的话，他是能够也愿意维护世界和平的。作为一个世袭的皇帝，不可避免地会受到阶级身份的影响。只要军国主义存在，就没有世界和平。

今天，我读到这里时，变化多大呀！战争对世界的摧残前所未有！人类像野兽一样互相残杀！我不敢再有什么希望。最近，我发现另一位统治者登上了历史舞台，他可能是一代伟人。他曾在巴拿马运河通行税的争端上为本国利益申辩——他就是现任总统威尔逊。他追求真理不屈不挠。

"皇帝可以变成神，平民也可以称王。"

什么也阻止不了伟人！让我们对威尔逊总统拭目以待！他的血管里有苏格兰人的血统。

（手稿写到这里突然中断）

卡内基成功箴言

大部分的矛盾变得尖锐，是因为双方没有见面，缺乏沟通，而且还听了一些不相干的人的挑唆。他们根本不明白对方的意图，一切都是可以解释清楚的。

轻经典

出 品 人：许　永
责任编辑：许宗华
特邀编辑：林园林
装帧设计：海　云
印制总监：蒋　波
发行总监：田峰峥
投稿信箱：cmsdbj@163.com
发　　行：北京创美汇品图书有限公司
发行热线：010-59799930

创美工厂　　　创美工厂
微信公众平台　官方微博